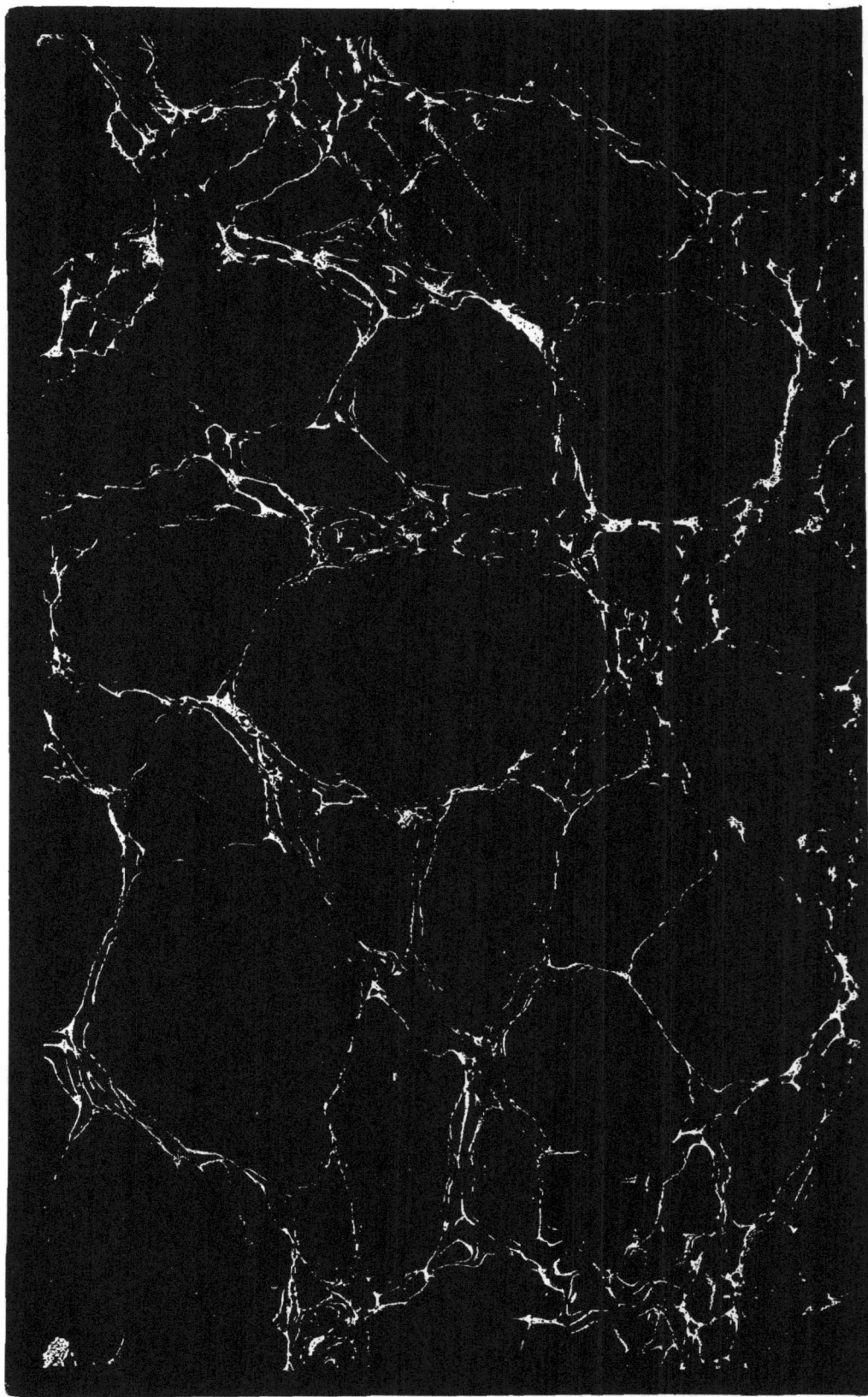

LK⁷ 2387

ESSAI

SUR

L'HISTOIRE DE DIGNE.

ESSAI

SUR

L'HISTOIRE DE DIGNE

PENDANT

LA PESTE DE 1629.

Par Firmin GUICHARD.

DIGNE,

Mme Ve A GUICHARD, IMPRIMEUR,

Place de l'Évêché, 7.

—

1845.

ESSAI

SUR

L'HISTOIRE DE DIGNE

PENDANT

LA PESTE DE 1629.

PREMIÈRE PARTIE.

Nous n'avons pas la prétention de raconter, après notre illustre Gassendi, la peste dont la ville de Digne fut affligée pendant l'été de 1629. Nous comprenons trop bien quel doit être notre rôle auprès d'un si grand maître. Aussi ne voulons-nous que compléter le récit qu'il a fait et rappeler une foule de détails dont il n'a sans doute pas eu connaissance, et que nous avons trouvés consignés dans les archives de la commune. Nous avons également suivi nos pères pas à pas, en analysant avec soin leurs délibérations conseilhères dans ces temps désastreux. Ce seront tout autant d'annotations au récit du savant prévôt qui ne paraîtront pas dépourvues d'intérêt, et qui ne pouvaient d'ailleurs guères trouver place dans la Notice sur l'Église de Digne.

Suivons Gassendi dans son récit :

Puisque nous en sommes à parler de l'air, il nous faut dire un mot sur la peste, qui, pendant l'été de 1629, fit dans la ville de Digne, des ravages tels que nul fléau, à notre avis, ne peut lui être comparé. Nous avons souvent entendu les vieillards se plaindre des désordres causés par les guerres civiles ; nous les avons entendu gémir au seul souvenir de l'année 1560, pendant laquelle Mauvans répandit tant de sang ; mais rien n'égala jamais le désastre dont nous avons à parler : il ne resta guères que la sixième ou la septième partie de la population ; en effet, avant que ce fléau se fût abattu sur la ville, on ne comptait à Digne pas moins de dix mille âmes, et après, à peine pût-on en compter quinze cents. Nous nous trouvions alors en Flandre, où nous reçumes de nos amis, comme depuis nous en reçumes à Paris, des lettres lamentables : mais notre étonnement fut bien pire lorsque, revenus à Digne trois ans après, nous trouvâmes désertes la plupart des maisons de cette ville que nous avions laissée si populeuse, et nous ne rencontrâmes plus dans les rues que des figures à peu près inconnues. Il fut petit le nombre des amis que nous pûmes embrasser ; et c'était une chose affreuse que d'entendre raconter tout ce qu'ils avaient souffert, à ceux qui avaient échappé à la mort. Le tableau qu'on nous en faisait était bien plus sombre que celui tracé par la main de Thucydide, au sujet de cette peste qui, selon l'expression du poète :

Finibus Cecropiis funestos reddidit agros,
Vastavitque vias, exhausit civibus urbem.

Nous n'avons pas besoin d'insister sur l'authenticité des faits que nous allons rapporter, car nous les tenons du célèbre Lautaret, qui exerce la médecine dans la ville de Digne. Or, il a non-seulement vu les malades, mais il a été lui-même atteint de la contagion, et il se propose de publier un livre sur cette matière. Nous ne voyons pas d'inconvénient néanmoins à donner sur cet événement quelques détails qu'il nous a lui-même appris.

Le docteur Lautaret n'a jamais écrit le livre que nous annonçait Gassendi, et c'est bien dommage. Peu d'hommes ont donné plus de preuves que lui de dévouement à leur pays au milieu de cette calamité effroyable. Nous aurons plus d'une fois l'occasion de parler de lui.

Le mal, autant qu'il nous en souvient, commença à se manifester dans les premiers jours du mois de juin; cependant depuis quelque temps déjà on prenait de grandes précautions à cause du bruit qui s'était répandu que la peste avait envahi Lyon et le Dauphiné et que déjà elle avait éclaté sur quelques points de la Provence. Mais ce furent les militaires, qui revenant en désordre de l'Italie, et traversant la ville de Digne, en apportèrent le germe. Tant que ce fléau dura, pendant l'espace de quatre mois, le ciel couvrit la terre d'épais brouillards; la chaleur fut étouffante, et les orages et les pluies se succédèrent fréquemment. On observa même une lueur, ou un météore lumineux, qui passa sur la ville par un mouvement rapide. Pendant tout ce temps, on ne vit aucun oiseau ni dans la ville ni dans les champs : bien plus, on ne vit, on n'éprouva plus d'autre maladie que la peste elle-même.

Les craintes d'une prochaine invasion de la peste régnaient en effet depuis longtemps. Dès l'année 1628, des signes précurseurs avaient annoncé le fléau, et le parlement d'Aix avait rendu un arrêt, adressé à toutes les communautés de la province, par lequel il ordonnait les plus grandes précautions et l'établissement, dans chaque commune, d'un bureau de santé.

La ville de Digne exécuta les ordres du parlement dès le 10 septembre 1628. Un bureau de santé, composé de dix membres, fut créé[1], et

---

[1] Auquel conseilh (particulier) ledict Sr de La Tour premier consul a propose que nosseigneurs de la cour de parlement de ce pais luy ont donne advertissement de prendre garde soigneusement sur le bruit de la contagion et de establir ung bureau à la porte a ce subject et fermer toutes les advenues qui sont a lenviron de la ville.

Sur quoy ledict conseilh a dellibere que sera estably ung bureau de sante compoze du nombre de dix que seront les consulz modernes (MM. Elzias Geoffroy Sr de La Tour, avocat, premier consul, Pierre Marchier, notaire, deuxième consul et Robert Bernard, marchand, tiers consul), et vieulx (MM. Louis Amalric, écuyer, premier consul, Mathieu Pierre, écuyer, deuxième consul, et Honore Mensse, marchand, tiers consul) et MM. Fabry, Jehan Gaudin, advocat, André Roux Dalleries Sr de Chaudoul la Javie et Feissal et Jean-Baptiste Charambon, enquesteur, lesquels pourront tenir ledict bureau ou cinq

ordre fut donné aux consuls de faire fermer toutes les avenues de la ville.

Une garde assidue fut postée aux différentes portes, et c'est au milieu d'une alternative continuelle de craintes et d'espérances que s'écoulèrent la fin de l'année 1628 et le commencement de l'année 1629.

Dans les premiers jours du mois d'avril, une lettre des procureurs du pays annonça aux consuls le passage prochain d'un détachement de cavalerie. Dès le 6 avril, le conseil[1] arrêta toutes

---

d'iceulx et delliberer de ce quy sera necessere soit pour fermer les portes et advenues de la ville, tenir gardes auxdictes portes et aultres choses requises conformément audict arrest. (Reg. des délib., 10 sept. 1628).

[1] Auquel conscilh a este remonstre par ledict M⁰ Gaudin, premier consul, que MM. les procureurs du pays leur ont mande qu'ils ont receu lettre du roy escripte au camp de Suze le vingt-cinquiesme du moys de mars dernier par laquelle leur a donne advis comme il a rezolen au partir dudict Suze de sachemyner au Bas-Languedoc avec son armee, leur ayant Sa Mageste envoye quelle prend son passage dans ce pays et ez villes et lieux designes dans lordre que leur a este mande et entre aultres que la cavallerye doibt passer en ceste ville, sur quoy la cour de parlement a faict arrest portant reglement de lordre quy ce doibt tenir audict passage. (Reg. des délib., 6 avril 1629).

Le 13 mai arrive le S⁻ Duplan, commissaire des compagnies qui doivent séjourner à Digne. Sa commission, donnée à Bossolin, le 9 du même mois, par le duc de Cresqui, pair et maréchal de France, lieutenant-général pour le roi en Dauphiné, en son armée, a été transcrite textuellement à la suite de la délibération du 13 mai.

les mesures que pouvait nécessiter un pareil événement. Ce ne fut cependant que vers le 20 mai
suivant[1] qu'une compagnie de cavalerie, détachée
du corps d'armée du maréchal de Créqui, traversa
Digne en revenant de Suze et en se dirigeant
vers la ville de Nismes dans le Languedoc.[2] Ce

---

[1] Attandu que ladicte cavallerye debvoit passer en avril et a
este differe jusques a ces jours passez, ils ont traicte avec Jan
Thoussans mestre du Jeu de Paume lequel Jeu de Paume a este
choisi pour grenier a foin pour le louage dicellui et accorde avec
icellui a troys escus.....

Sur quoy le conseilh ont tous hunanimement rattifie et appreuve les actes faicts par Messieurs les consuls..... et comis
pour les liquidations d'iceulx fastigaiges et ouyr les comptes
desdicts estapiers Messieurs les consulz vieulz, et Me Honnore
Reboul Sr de Lambert advocat, et Me Jan Chaussegros, procureur, pour proceder avec lesdictz Srs consulz et liquider aussi
les fournitures de bled avoyne vin cher et foin faictes par les
habitants. (Reg. des délibér. 24 mai 1629).

[2] On sait que Richelieu, après avoir brisé le parti protestant
en France, battit le parti catholique en Europe, et força les
Espagnols dans leur Italie, où ils régnaient depuis Charles-
Quint. Il trancha par une vive et courte guerre le nœud de la
succession de Mantoue et de Montferrat, petites possessions,
mais grandes positions militaires. Le dernier duc les avait lé-
guées au prince français, le duc de Nevers. Les Savoyards,
fortifiés au pas de Suze, se croyaient inexpugnables; Richelieu
lui-même le pensait ainsi : le roi emporta de sa personne cette
terrible barrière. Le duc de Nevers fut affermi, la France eut
un avant-poste en Italie, et le duc de Savoie sut que les Français
passaient chez lui quand ils le voulaient.

C'est après cette prise de Suze que, les troupes françaises
rentrant en France, un détachement de cavallerie passa par la
ville de Digne.

détachement laissa dans la ville quelques malades, placés, sans aucun doute, sous cette influence fatale qui précède toujours les grandes
invasions épidémiques et pestillentielles et donne
à toutes les maladies quelques-uns de ses caractères essentiels.

Les esprits étaient déjà vivement préoccupés :
depuis quelque temps les bruits les plus sinistres
circulaient et augmentaient la frayeur ; chaque
jour on entendait dire que la peste se rapprochait
davantage, lorsqu'un jour, vers la fin du mois
de mai, le bruit se répandit qu'elle avait éclaté
à Chenerilles, petit village sur la rive gauche de
la Bléone, à quelques lieues de Digne.[1] Il n'en
fallait pas davantage pour plonger nos pères,
déjà effrayés, dans une profonde stupeur.

Des hommes de l'art, probablement les docteurs Lautaret et André, et le chirurgien Lieutaud, furent aussitôt envoyés sur les lieux et
chargés de dresser un rapport sur la nature et
les caractères de la maladie.

Ce rapport fut envoyé à Aix, et le premier juin
le parlement rendit, pour la commune de Che-

[1] Une observation qui n'échappera à personne, c'est que la
peste éclata d'abord à Chenerilles, alors que l'on admettait
généralement, dans le xviie siècle, que la peste avait été apportée à Digne par es troupes venant d'Italie.

nerilles, un arrêt [1] semblable à celui qu'il devait
rendre quinze jours plus tard pour la ville de
Digne, arrêt barbare qui défendait aux habitants
de sortir du lieu infecté sous peine de mort, et
aux étrangers de s'y introduire sous aucun pré-
texte. Cet arrêt confia la garde de Chenerilles
aux consuls de la ville de Digne [2] et des lieux
circonvoisins, triste mission qu'ils devaient quelques mois plus tard expier douloureusement.

Les officiers royaux dûrent tenir la main à
l'exécution de cet arrêt, et les consuls de Digne
s'empressèrent d'y obéir. L'avocat Jehan Gaudin
était alors premier consul, Jehan Boyer, receveur particulier du domaine du roi, était second
consul, et André Meynier, marchand, tiers

---

[1] Tous les arrêts de parlement que nous citons n'étaient que
vaguement mentionnés dans nos archives. Si nous avons pu en
préciser les dates et l'objet, nous le devons en entier au bien-
veillant concours du noble magistrat qui, depuis 1830, est à la
tête du parquet de la cour royale d'Aix. Sans sa puissante intervention, il nous eut été impossible de les obtenir, et nous devons ici lui en exprimer humblement toute notre reconnaissance.
Nous avons peut-être été importuns à force d'insistance, mais
nous savions que M le procureur général Borély est Bas-Alpin
par le cœur et par le sang, et nous comptions sur ce sentiment
de patriotisme qui le rend si affectueux et si bon pour tous
ceux qui ont à lui parler du pays qui fut le sien.

[2] Dict que le lieu de Chenerilles feust attaint de la malladie
contagieuse et par arrest de la cour la charge de la garde dicelle
feust donnee aux sieurs consulx de ceste ville. (Compte du trés.
Pierre Tardivy, de 1629).

consul. Ils se hâtèrent d'envoyer de nouveau sur les lieux les hommes de l'art qui déjà y étaient allés pour faire un rapport au Parlement. [1] Sur l'avis que ceux-ci transmirent dès leur arrivée au lieu infecté, on y envoya des gardes [2] pour empêcher qu'aucun des habitants de ce malheureux pays pût en sortir, sans songer qu'un jour les habitants de Digne maudiraient, eux aussi, ceux qui viendraient les cerner dans leur ville.

Il faut le dire, cependant, les consuls ne se bornèrent pas à leur envoyer des gardes. Ils prescrivirent encore des mesures d'humanité. Les docteurs envoyés déjà sur les lieux pour étudier la maladie, vers la fin du mois de mai, y étaient retournés dès la réception de l'arrêt du parlement et y étaient restés, d'après les ordres des consuls, pour donner des secours aux malades [3] : c'était dans les premiers jours du mois

---

[1] Lesquels (consulx) au mesme instant (réception de l'arrêt du 1er juin) auroint faict acceder M. de Lautaret et Andre medecins et Lieutaud chirurgien en ladicte villle, au rapport desquelx lesdits consulx auroyent mis des gardes. (Compte du trés. de 1629, Pierre Tardivy).

[2] Mandat du 22 juin au capitene Esperit Arnaud, de trois escus vingt soulz pour avoir demuré garde audict Chenerilhes. (Ibid.)

[3] Il (le trésorier) à faict les payements suivants à Claude Boyer quarante soulz pour avoir porté de drogues et aultres mediquamentz a Chanerilhes, suivant mandat du 10 juin. (Ibid.)

de juin ; mais quand ils voulurent rentrer à
Digne, on refusa de les recevoir ; on craignait
qu'ils n'eussent pris le germe de la maladie qu'on
redoutait tant, et ils furent obligés de faire une
quarantaine sévère.[1] On les enferma dans une
maison de campagne où ils furent gardés à vue
par quelques-uns de leurs concitoyens.

La ville ne se borna pas à envoyer des médecins à ses voisins : elle leur fit passer aussi des
médicaments et des vivres, et leur fit faire plusieurs distributions de pain.[2]

Tous ces faits résultent d'une manière positive
des comptes du trésorier de l'année 1629, où se
trouvent portées en compte, avec d'assez curieux
détails, ces diverses fournitures.[5]

---

[1] A Elzias Amayenc, garde de M. de Lautaret, Andre et
Lieutaud, quy estoient en quarantene estant veneux de vizitter
Chanerilhes, trois escuz suivant deux mandats des 12 et 19 juin.
(Compte du trés. de 1629, Pierre Tardivy).

[2] A Bartel vingt-quatre soulx pour avoir porté de pain audict
Chanerilhes. (Ibid.)

[3] A Jean Pierre Amaienc trente-six soulx pour avoir porte
de mediquementz à Chanerilhes.

Pour Monet Desdier auroict fourny un flascon deau ardant
que feust porte audict Chanerilhes.

A Reymond Manens deux escus et demy pour prix de demie
charge de bled a luy bailhee pour fere de pain que feust distribue aux habitans dudict Chanerilhes.

Andre Nadal sieur d'Archailh qui estoict garde audict Chanerilhes ce treuva mallade et les sieurs conseulx luy auroient

Digne, entourée du fléau, ne pouvait pas tarder à en être frappée. Et, en effet, plusieurs cas de peste se déclarèrent dans son sein. Nos consuls n'en continuèrent pas moins cependant leurs envois à Chenerilles, jusques au moment où le danger, devenant plus pressant, la ville fut obligée de songer à ses propres enfants.

Il parait à peu près certain que ce fut, ainsi que le dit Gassendi, dans les premiers jours du mois de juin que la peste éclata dans notre ville. Pourtant on n'y crut pas dès le principe. Il existe dans le registre des délibérations un conseil particulier, à la date du 7 juin, dans lequel il n'est pas encore question de l'invasion de la maladie. Les esprits paraissent bien en être préoccupés, mais ils n'y croient pas encore, ou peut-être, dans un sentiment de terreur instinctive, cherchent-ils à se tromper eux-mêmes.

C'est ainsi qu'après avoir ordonné un feu de joie en signe de réjouissance pour un traité de paix conclu entre la France et l'Angleterre, et que les procureurs du pays ont fait connaître[1],

---

mande ung chapon pour lequel feust donne a Jean Honnorat vingt-quatre soulx.

Pierre Bartel six soulx pour avoir accompagne le Sieur de Lautaret allant viziter le sieur d'Archailh (28 juin): (Compte du trésorier Pierre Tardivy, de 1629).

[1] Auquel conseilh a este représante par ledict M⁰ Gaudin premier conseul que Monseigneur le duc de Guise, gouverneur

le conseil invite les consuls à ne faire aucune
démarche pour attirer les étrangers à la prochaine
foire¹, celle sans doute de la saint Jean. La délibération dit bien que ce n'est que parce qu'elle
« est dordinere fort petite a cauze de la foire
» d'Aix et aultres voizines, et quelle escheoit sur
» larière saison en laquelle le peuple est pouvre
» et incomode; » mais nous croirions bien plutôt
que le conseil, tout en prenant cette excuse,
redoutait bien davantage en réalité un rassem-
blement trop nombreux qu'il voulait éviter à tout
prix. Au reste, le parlement ne se contenta pas

---

de ce pays, leur a mande une coppie de la proclamation que
sa Mageste veult estre faicte de laccord du pays quy a este faict
entre sadicte Mageste et le Roy de la Grande-Bretagne le vingtiesme de may dernier, au camp devant Privas, leur enjouignant
de le fere publier en fere randre graces a Dieu et fere fere les
feuz de joy en tel cas accoutumes, exibant la coppie de ladicte
proclamation et lettre de mondict Seigneur du segond du présent moys requerant le conseilh dy deliberer.
Sur quoy le conseilh, apres avoir entandu la lecture de la
coppie de ladicte proclamation et lettre de mondict Seigneur le
gouverneur a dellibere que ladicte proclamation sera faicte
ensemble le feu de joy en tel cas accoustumé. (Reg. des délib.,
7 juin 1629).
¹ Et delliberant le conseilh sur la foire prochaine a este resouleu que attandu que d'ordinere ladicte foire est fort petite a
cauze de la foire de la ville d'Aix et aultres voizines et quelle
eschoit sur larière saison en laquelle le peuple est pouvre et
incomode surtout la presente année Messieurs les conseuls ne
feront aulcunes dilligences de la comander. (Ibid.)

de cette demie-mesure, et, le 15 juin, il rendait un arrêt qui supprimait cette foire et faisait défense aux consuls de Digne de permettre à toutes personnes d'y aller.

Le conseil de la communauté approuve ensuite des travaux de réparation ordonnés au portail du Pied-de-Ville. [1] Il s'occupe avec anxiété de tout ce qui peut empêcher le fléau de faire irruption dans ses murs.

Il paraît à peu près certain, et cette délibération en est pour nous une preuve convaincante, que le 7 juin la peste ne s'était point encore déclarée à Digne d'une manière bien formelle.

Cependant quelques cas suspects de contagion ne tardèrent pas à être signalés. Les consuls et le bureau de santé, toujours vigilants, chargèrent les médecins d'examiner attentivement l'état des malades et de faire un rapport sur la nature et le caractère de leur maladie. [2]

---

[1] A rattifie ledict conseilh la charge donnee par Messieurs les conseuls modernes a Anth. Bulli masson quy a prins a prix faict la murailhe qui estoit tumbee a lentree de ceste ville dessus le portal du Pied de Ville, de fere ladicte murailhe a droict fil et au lieu ou elle a este comancée et plus grande que nestoit porte par ledict prix faict. (Reg. des délib., 7 juin 1629).

[2] Au commancement que la malladie comansa a pulluler en ceste ville le bureau de santé y estably auroict faict ordonance de fere rapport de l'estat des malladies que pour lhors regnoient en ceste ville, il feust ordonne d'en fere rapport pour le mander

Les docteurs Lautaret et André se trouvaient
encore en quarantaine, et ce rapport fut fait par
les docteurs Rippert et Bernard, et par le chirurgien Ricavy. La science fit-elle erreur, ou
n'eut-elle recours qu'à un subterfuge pour ras-
surer les habitants consternés? C'est là un point
qu'il nous est impossible d'affirmer. Ce que nous
savons, c'est que le rapport des médecins fut
complètement rassurant et fut adressé sans retard au parlement à Aix. Ce fut Me Jean Reynaud,
avocat, qui fut chargé de cette mission. Il resta
cinq jours à son voyage.[1]

Le parlement ne fut nullement rassuré à la
lecture de ce rapport : il dût demander de nouveaux renseignements que le lieutenant du siège
de Digne, Charles de Tabaret, Sr du Chaffault,
s'empressa de lui transmettre.[2] Tabaret dût

---

a la cour par M. Rippert et Bernard medecin et Ricavy chirurgien, ausquels ledict contable a paye dix-sept escus et demy.
(Compte du trés. de 1629, Pierre Tardivy).

[1] Le rapport faict par lésdits medecins feust porte en la ville
d'Aix par Me Jean Reynaud advocat, auquel le contable a paye
cinq escus pour cinq jours qu'il à vacque, deux sizains a une
guide quy luy feust donnee par M. le conseiller d'Ollivier,
quarante soulz pour la part de deux guiddes quy luy fcurent
donnees a Aix pour sen rettourner en ceste ville. (Compte du
trés. de 1629, Pierre Tardivy).

[2] A Simon Julhien ung escu quarante soulz pour aultre
voyage faict en ladicte ville d'Aix pour porter unne lettre de

annoncer en même temps à la cour le décès de Me Henry Fabry Sr de Châteauredon, avocat et membre du bureau de santé, qui avait jeté l'effroi dans toute la ville.

Le 15 juin, par mesure de précaution, le parlement avait supprimé la foire de la Saint-Jean. Le lendemain, 16, sur les nouvelles arrivées de Digne, il rendit un nouvel arrêt par lequel il ordonnait que la maison du Sr Châteauredon [1] serait murée et placardée, et défendait à tous les habitants de la ville de Digne de communiquer avec les lieux circonvoisins, et à toutes personnes d'entrer dans ladite ville, arrêt imprévoyant, arrêt fatal, qui causa la plus grande partie des maux dont notre pays fut accablé.

M. le conseiller du Parlement Olivier avait été commis par la cour. Nous apprenons du moins, par les comptes du trésorier, que ce magistrat vint à peu près vers cette époque à Champtercier. Les consuls de Digne et un assez grand nombre de notables, des plus apparents, comme on

---

Monsieur le lieutenant a Messieurs de la cour pour leur donner advis de la santé de la ville. (Compte du trés. de 1629, Pierre Tardivy).

[1] Mort et deced de Me Henry Fabry advocat, la dame de Châteauredon sa vefve et famille feurent sortis de la ville et mis en quaranteine au cartier de Chabasse et luy feust donné de gardes. (Compte du trés. de 1629, Pierre Tardivy).

disait. alors, furent le visiter au lieu où il s'était arrêté. La réunion eut lieu en plein air, dans un pré, pour éviter toute espèce de communications, et là dût se passer, sans aucun doute, une conférence sur les principaux besoins de la ville et sur l'état de sa santé.[1]

Dans l'intervalle, la ville avait eu le temps d'apparaître dans son plus triste jour. Outre la famille Châteauredon, d'autres personnes notables de la ville avaient été atteintes de la peste. Le capitaine Pierre Brun[2], Louis Bain[3], et d'autres, avaient été déjà victimes du fléau.

---

[1] Le Sr Dollivier conseilher du Roy en sa court de Parlement de Provence cestant porte pour les affaires de la sante au lieu de Champtercier, les sieurs conseulz et unne bonne troupe des apparantz de la ville le feurent vizitter audict lieu de Champtercier et la conferance feust faicte a un pred de Balthazard Chauvin auquel feust donné de gros domages pour lequel luy feust accorde et bailhe pour le comptable un escu (Compte du trés. de 1629, Pierre Tardivy).

[2] Au commancement de la malladie arrivée en ceste ville, le cappitene Pierre Brun ce treuva attaint et la pluspart de sa famille et feust treuve a propos de mettre en quaranteyne et ses gendres et leur familhe qui les avoient frequentes et pour subvenir a leurs necessittes leur a este fourny par commandement et suivant les mandatz de Messieurs les consulz et pour les gardes la somme de dix escus et demie charge bled. (Compte du trés. de 1629, Pierre Tardivy).

[3] De mesme ayant ledict Louis Bayn este attaint de ladicte malladie et sa famille mise en quaranteyne luy feust mis Jean Jacques Constans pour garde. (Compte du trés. de 1629, Pierre Tardivy).

Du moment que la peste fut déclarée, une grande partie des habitants, des habitants aisés surtout, s'empressa de déserter la ville. On ne songeait qu'à s'éloigner et à quitter des lieux où la vie était en danger. Quelques officiers royaux eux-mêmes ne craignirent pas d'abandonner leur poste.

Les consuls, au contraire, se dévouèrent avec courage à la pénible mission dont ils étaient chargés : ils se mirent à l'œuvre avec une noble activité, et ordonnèrent toutes les mesures qu'ils crurent devoir prendre dans l'intérêt de la ville. Malheureusement ils étaient préoccupés de fausses idées répandues partout, et, chose triste à dire, toutes les mesures qu'ils ordonnèrent ne pouvaient qu'activer l'énergie du fléau contre lequel on avait à lutter.

Les portes furent gardées avec plus de soin encore que par le passé ; l'infirmerie St.-Lazare fut disposée de manière à recevoir les malades. [1] Michel Joucard fut le premier qu'on y transporta[2],

---

[1] Le bureau de santé de la ville auraict ordonne de fere linfirmerie a lhopital St.-Lazare ou les mallades feurent menes du commancement de ladicte malladie. (Compte du trés. de 1629, Pierre Tardivy).

[2] Jean Michel Joucard feust mene (à Saint-Lazare) et au mesme instant sa familhe sortie en quaranteine ausquelz feust mis de gardes. (Compte du trés. de 1629, Pierre Tardivy).

et on s'apprêta à faire construire dans les champs des huttes ou cabanes qui devaient recevoir les familles mises en quarantaine. On pourvut en même temps aux besoins de la consommation , et on chercha à s'assurer des médecins et des infirmiers.

Les premières victimes de la maladie furent donc transportées à St.-Lazare, et leurs familles obligées de sortir de la ville et de rester en quarantaine.

Il est difficile aujourd'hui de se faire une idée de ce qu'était la quarantaine de 1629. Nous ne pourrons pas en donner une description aussi exacte que la réalité elle-même. Mais qu'on se figure, s'il est possible, le coup d'œil que dûrent présenter nos campagnes, lorsqu'une partie de la ville fut obligée de camper, en plein air, sous des huttes ou cabanes, construites avec des planches mal jointes, et recouvertes en paille ou en chaume ! Qu'on se représente toutes ces familles éplorées qui venaient de perdre un de leurs membres, et qui étaient forcées de venir s'entasser pêle-mêle, hommes, femmes et enfants, dans de misérables cabanes où l'on pouvait à peine se retourner, et où l'on n'avait aucune des choses indispensables à la vie. Qu'on se représente ce lugubre spectacle, et on aura, par la pensée du moins, un tableau des souffrances que nos pères dûrent endurer, et on comprendra pourquoi la peste de 1629 fut si meurtrière.

Ce fut sans doute un grand malheur qu'une aberration aussi complète. Mais nos consuls croyaient faire le bien, et ils restèrent à cet égard d'une sévérité impassible.

Ils firent d'abord assez bonne contenance. Cependant la viande manquait à la boucherie de la ville. Les consuls ne reculèrent devant aucun moyen pour s'en procurer. Un troupeau d'Arles, qui se rendait à Archail pour passer son quartier d'été dans ses montagnes pastorales, traversa le terroir de Digne. Les consuls en furent prévenus, et immédiatement ils se rendirent à Archail et firent saisir près de deux cents moutons, offrant inutilement une indemnité aux bergers, qui se bornèrent à protester.[1]

Ils comprirent bientôt qu'ils ne pouvaient pas garder sur leur tête une aussi lourde responsabilité ; ils voulurent consulter le conseil de la

---

[1] Lentree de ceste ville ayant este fermee par arrest de la cour du parlement de ce pays, et par ce moyen ampesche le libre acces des particulliers dicelle estantz en necessite de cher, lesdits sieurs consuls seroient alles au lieu d'Archail sur ladvertissement quy leur feust donne quil y avoit une bonne quantite de mottons estrangers ou en feust prins six trenteniers sept bestes des particuliers desnommes dans le verbal dresse par lesdicts sieurs consulz....... et rembource audict Rippert cinquante neuf soulz pour la despence de bouche faicte audict Archailh par lesdicts sieurs consuls et aultres apparants estants avec heux. (Compte du trés. de 1629, Pierre Tardivy).

communauté et faire approuver leur conduite :
ils le réunirent dans la journée du 27 juin.

Nous croyons devoir reproduire textuellement
cette délibération. Nous reproduirons également
en entier celles des 29 juin et 9 juillet suivant.
Ce sont des actes passés dans des moments trop
solennels pour que nous puissions consentir à les
dénaturer en les modifiant même légèrement.

Conseil particulier du 27 juin 1629.

Du vingt-sept juin mil six cens vingt-neuf apres
midy en la ville de Digne et dans la maison commune,
le conseilh particulier de la communaulte de ladicte
ville a este assamble a la maniere accoustumee ou
sont estes presentz Monsieur Mᵉ Charles de Tabaret
sieur du Chaffault conseilher du roi et lieutenant
general civil et criminel au siege et ressort dudict
Digne, Mᵉ Jan Gaudin, advocat en la cour, premier
consul, tenant le baston du roi en main en absance
de M. le Viguier, Mᵉ Jan Boyer, recepveur particulier du domeyne du Roi audict siege, et Mᵉ Andre
Meynier, aultres consulz modernes, Mᵉ Elzias
Geoffroi Sʳ de la Tour, advocat, Mᵉ Pierre Marchier
notere, et Robert Bernard, consulz vieulx, notere
Bernardin Hesmivy, Louys Amalric, Anthoine Pierre
escuyer, Mᵉ Jan Baptiste de Faucon, Mᵉ Jehan Roux
et Louys Reboul, advocatz, Mᵉ Jan Chaussegros,
Anthoine Gaudemar, procureur, Mᵉ Anthoine Plan,
Michel Salliere, bourgeois, Mᵉ Pierre Tardivi trezorier moderne de la communaulte, Anthoine Hermite
sieur du Castelard, François Baille sieur de la Javye,

Mᵉ Gaspard Hesmiol, advocat dé la communaulte, Claude Roux, escuyer, Pierre Mathieu, Claude Savornin et Andre Ailland, merchans, tous dudict Digne, conseilhiers du conseilh particulier de ladicte communaulte, ou subroges au lieu et place des absans.

Auquel conseilh a este represante par ledict sieur Gaudin premier consul qu'on a retenu le nombre denviron sept tranteniers de moutons sur les troupeaux quy ont passe dans le terroir de ceste ville ensuite dune deliberation du bureau de la sante du vingt-quatre du courant sans en avoir arreste le prix pour ce que les bergers ne lont voleu fere et requis le conseilh dapreuver en tant que de besoing la deliberation du bureau. Remonstre encor quil ny a point dargent dans la bource commune et que les debteurs de la communaulte reffuzent de payer attandu linterdiction, requierent le conseilh dy prouvoir aussi ; quil est expediant de fere de chefz de rue pour lassurance de la ville et prevenir les mouvemans factieulx quy ce pourroint exciter. Les freres Observantins sont en extreme necessite de pain et de vin silz doibvent estre adsistes et secoureus par la communaulte quy est fondatrisse de leur maison ; quils ont conveneu avec ung infirmier a vingt soulz par jour et quil est necessere davoir un chirurgien et de personnes a suffizance pour servir dans linfirmerye et establir de gardes a ceulx quy seront mis dans les cabanes et uttes au terroir de ceste ville et prouvoir a leurs allimens et au payement desdictes gardes et voir sy elles seront entretenues et payees aux despans de ceulx quy seront gardes.

A este delibere unanimement que la retenue et achept de moutons est rattifie et quilz seront payes par la communaulte a lextime ou par accord que Messieurs les consulz en feront et la deliberation du bureau en tant que de besoin apreuve.

Quil sera prins nombre de personnes de qualite pour estre chefz de rue a la dilligence de Messieurs les consulz quy les pourront changer a leur plaisir et volonte, lesquels chefz de rue ou cappouraux seront charges de fere fere la patoulhe toutes les nuytz tant dedans que dehors la ville pour empescher les inconveniens et mouvemens quils pourroient arriver et quon ne sorte les vivres et denrees a la desrobee.

Pouvoir a Messieurs les consulz dadcister les peres Observantins de toutes les chozes necesseres et de leur achepter une thounelle de vin pour leur estre distribuee a la discretion desdicts sieurs consulz.

Ils pourront aussi subvenir a tous les particuliers necessiteux de la ville avec discretion et bailheront argent ou bled par forme de prest et en retireront obligacion, laquelle sera au perilh et fortune de la communaulte et nullement desdicts sieurs consulz quy en demeureront des maintenant deschargez pour ce que cest par forme daumosne.

Le conseilh apreuve et ratiffie le pache et convantion faicte avec l'infirmier et donne charge expresse a Messieurs les consulx den chercher daultres et de personnes quy vueilhent subir le denger et servir a linfirmerye a tel prix et condictions quils advizeront, leur donnant sur ce subject toute sorte de pouvoir sen rapportant a leur honneur et conssiance.

Pouvoir encore de payer a leur discretion les medecins et chirurgiens quy leur feront rapport verbal ou par escript en estant requis de lestat des maladyes quilz jugeront suspectes et pestillantes a fin de fere ranvoyer les malades dans linfirmerye et sera donne

pour un moys comptable puis le vingt-cinq du courant aux médecins soixante livres et aux chirurgiens
quarante.

Le mesme pouvoir leur est donne de fornir vivres
tant a ceulx quy seront dans linfirmerye que dans
les cabanes et uttes quy les voudront recepvoir de la
communaulte sauf den fere, appreuvant et rattifiant
toute la forniture faicte jusques au jour dhui aux personnes quy ont este retenues dans leurs maisons ou
sont de la qualite susdicte.

Les gardes quy ont estes donnes par Messieurs les
conseuls ou le seront a ladvenir seront payes par la
communaulte et a ces fins pouvoir leur est donne
den mettre aultant que suffire doibve selon les occurrances et besoins et en tel nombre quilz jugeront
bon estre sen rapportant le conseilh a leur religion
honneur et conssiance.

Ilz pourront encore convenir avec un chirurgien
pour servir dans linfirmerye et lemployer aux aultres
usages necesseres aux prix paches et condictions et
qualites quilz treuveront bon estre.

Et generallement le conseilh remet et resigne la
ville et toute sa conduite entre les mains de Messieurs les conseulz les chargeant tres expressemant
de payer toutes les personnes quilz treuveront a propos demployer pour le public et leur en fere mande-
mens sur le trezorier.

Et a cest effect les charge tres expressement demprunter de telles personnes quilz treuveront jusques
a la somme de troys mille livres den passer les obligacions requizes obliger tous les biens droitz rantes
et revenus de la communaulte aux paches et qualites
quilz advizeront les constituans leurs procureurs es-
peciaulz et generaulz sans derrogation avec promesse

dagreer leur gestion et de payer la somme aux termes
et qualites accordes, laquelle somme sur lobligacion
sera receue par Pierre Tardivy trezorier moderne
de la communaulte et de suite expedier sur les mandemans quy lui seront adresses a laccoustumee par
Messieurs les consulz.

Suivent les signatures.

TABARET. — GAUDIN , consul. — J. BOIER , consul. —
A. MEYNIER, consul.—HERMITE.—Elz. GEOFROY.
— L. AMALRIC. — CHAUSSEGROS. — MARCHIER.
— ROUX. — ROUX. — GAUDEMAR. — BERNARD. —
SAVORNIN. — REBOUL. — REYNAUD.—AILHAUD.
— SALLIÈRE. — PLAN. — TARDIVY. — HESMIOL.
— PIERRE. — HESMIVY. — Du SAUZE. — DENOIZE ,
greffier.

Cette délibération , qui renferme les plus pré-
cieux détails , donne une intelligence complète
de la situation de la ville de Digne, à la fin du
mois de juin 1629. Elle révèle tous les embarras
des consuls et dessine nettement les moyens par
lesquels ils entendent combattre la maladie qui
a jeté l'épouvante dans toute la population.

La ville était depuis peu de jours sous le poids
de l'interdiction prononcée par l'arrêt du 16 juin,
que nous avons mentionné, et cependant les
vivres commençaient déjà à manquer. Il fallait
pourtant pourvoir aux besoins de la classe indi-
gente, incontestablement la plus nombreuse; il
fallait pourvoir à la subsistance des familles qu'on
avait forcées d'aller en quarantaine. Tous les
travaux se trouvaient suspendus, le commerce

était complètement anéanti, et tous ceux qui ne vivaient que du fruit de leur travail n'avaient pas du blé en réserve et se trouvaient réduits à une misère affreuse. Les maisons religieuses elles-mêmes avaient peu d'approvisionnements, et la maison des Observantins, fondée par la ville, venait de faire entendre un cri de détresse.

Les consuls n'avaient pas, il faut le dire, hésité un seul instant à prendre les mesures qu'ils avaient jugées nécessaires. Soutenus par le bureau de santé, ils avaient avec vigueur fait face aux premiers besoins nés de l'irruption du fléau.

C'étaient eux qui avaient fait organiser l'infirmerie Saint-Lazare pour recevoir les habitants malades de la peste et qui y avaient établi les premiers infirmiers; c'étaient eux qui avaient fait adopter le système des quarantaines et qui faisaient exécuter les prescriptions rigoureuses que ce système avait nécessitées; ils avaient provoqué le concours des médecins et des chirurgiens, et leur activité n'avait pas perdu de vue un seul instant le soin important d'assurer à tous les habitants la subsistance indispensable.

Tout cela avait été fait spontanément : les consuls avaient agi sous l'impulsion d'un noble sentiment d'humanité et de patriotisme. Dès qu'ils eurent le temps de la réflexion, ils assemblèrent le conseil de la communauté, pour sou-

mettre leurs actes à son approbation et lui exposer les difficultés qui les attendaient à l'œuvre.

Le conseil ratifia sans hésiter tout ce qu'ils
avaient fait jusques-là ; il approuva hautement
leur conduite et leur donna de nouveaux et de
plus amples pouvoirs.

S'occupant d'abord des mesures d'ordre intérieur, il les autorisa à nommer, dans chaque
rue, une personne notable chargée de commander et de diriger les gardes du quartier, pour
veiller nuit et jour à la tranquillité publique et
empêcher, au besoin, qu'on ne sortît de la ville
des vivres ou des denrées.

Il les autorisa à nommer le nombre de gardes
nécessaires pour garder dans leurs cabanes les
familles mises en quarantaine.

Arrivant ensuite aux mesures d'humanité, il
leur donna pouvoir d'assister les pères Observantins, de faire à tous les nécessiteux de la ville
des distributions de blé ou d'argent à titre de
prêt, mais il ne voulut pas les en rendre res-
ponsables, parce que ce prêt n'était à ses yeux
qu'une aumône. Il les autorisa encore à fournir
les vivres nécessaires à tous ceux qui se trouvaient dans l'infirmerie St.-Lazare et à toutes
les familles dispersées dans la campagne pour
subir la quarantaine.

Les consuls reçurent encore du conseil le pouvoir le plus absolu d'augmenter les infirmiers

à proportion du nombre des malades, de s'assurer le concours des médecins et des chirurgiens
auxquels ils avaient promis déjà une indemnité
assez forte, et enfin de chercher un chirurgien
qui consentit à aller donner ses soins aux mala-
lades de l'infirmerie St.-Lazare.

Pour faire face à ces diverses dépenses, il fallait nécessairement de l'argent, qui manquait
tout-à-fait; parce que les débiteurs de la communauté, en présence d'un pareil fléau , refu-
saient de s'exécuter. Le conseil les autorisa à
emprunter une somme de trois mille livres au ·
nom de la commune.

Enfin, *il remet et résigne la ville et toute sa
conduite entre les mains de Messieurs les consuls,*
car il a compris que dans un désastre pareil l'autorité a besoin d'être libre dans ses efforts, et il a
une entière confiance dans les hommes qui en
sont investis.

Ce pouvoir illimité donné aux consuls aurait
pu sauver la ville, si ceux-ci ne s'étaient pas
jetés dans une voie fausse et malheureuse qui
les entraîna malgré eux vers un but diamétra-
lement opposé à celui qu'ils voulaient atteindre.

La mortalité s'accrut considérablement pendant les journées des 27 et 28 juin. Un grand
nombre de familles furent atteintes. Le système
adopté fut impitoyablement suivi : le malade
était envoyé à St.-Lazare, quand on y était à

temps, et sa famille mise tout aussitôt en quarantaine. Nous pourrions citer un nombre con-
sidérable d'habitants qui furent atteints du fléau
pendant ces deux jours, et envoyés à l'infirmerie,
tandis que leurs familles étaient parquées dans
les huttes que nous avons décrites ci-dessus, soit
à Chabasse, soit aux Épinettes, soit à Mouiroues,
dans tous les quartiers enfin du territoire si limité de la ville de Digne Nous pouvons citer
notamment les familles Deaudet, Pascal, Bayle,
qui furent tour-à-tour frappées. [1]

Les maisons religieuses elles-mêmes n'étaient
pas à l'abri du fléau. Le bruit se répandit que la
peste avait fait invasion au couvent des Cordeliers. Les consuls ordonnèrent aussitôt que les
portes en fussent fermées et que toutes les communications avec l'intérieur de la ville fussent
sévèrement interrompues. En même temps ils
placèrent des gardes à toutes les portes du
couvent. [2]

[1] Pluzieurs familhes de la ville feurent aussi mises en quaranteine pour le soubson de ladicte malladie et les sieurs conseuls
leur auroient mis de gardes auxquels le contable a payé savoir :
a Anthoine de Faucon garde de la familhe de Guilhem Pascal
trante soulx..... à Vincens Gues garde de la familhe de Deaudet,
deux escus..... à Gilly Nicolas garde de Jean Anthoine Baille
et sa fille deux escus. (Compte du trés. Pierre Tardivy).

[2] La malladie cestant mize au couvent des Courdelliers feust
advize et rezolleu de leur mettre des gardes pour les garder de

Les consuls, il faut le reconnaître, remplirent
leur mission, pendant ces jours de désolation,
avec une courageuse énergie. Ils veillèrent avec
une infatigable ardeur à la satisfaction de tous
les besoins qui leur furent signalés. Ils activèrent
la garde, mirent des sentinelles sur le pont des
Eaux-Chaudes pour empêcher toute communication des habitants avec l'infirmerie St.-Lazare
où se trouvaient les pestiférés.[1] Ils firent sur-
veiller les maisons abandonnées par suite de
l'envoi à St.-Lazare et de la mise en quarantaine.[2] Ils firent aussi ouvrir la porte du Portalet
pour une plus grande facilité des relations.[3]

---

frequenter avec aulcung de la ville, et y feust mis Gaspard
Turin et François Fabre. (Compte du trés. de 1629, Pierre
Tardivy).

[1] Pour esvitter la frequentation des particulliers de Digne
avec ceux questoient a Saint-Lazare, feust requis de mettre de
gardes au della du pont d'Aigues Chaudes et paye a Anthoine
Lantelme, Joseph Giraud huissier, Jacques Isnard, Pierre
Caire, Jean Honnorat, gardes a ce establiez la somme de vingt-
six escus vingt-quattre soulz. (Compte du trés. de 1629, Pierre
Tardivy).

[2] A fere la pathouille de nuict pour empescher que aulcung
ne fict aulcung desordre aux maisons delaissées, lesdicts sieurs
consulz auroient employé capp. André Cantel, etc., etc. (Compte
du trés. ce 1629, Pierre Tardivy).

[3] Pour la commodite du peuple feust aussi necessere douvrir
la porte du Portallet ou Louis Peyre et Claude Gay ont été
commis. (Compte du trés. de 1629, Pierre Tardivy).

5

Outre ces mesures générales d'intérêt public,
il était d'autres soins non moins importants qui
retombaient sur les consuls et sur les membres
du bureau de santé. Il fallait veiller constamment
à la distribution des vivres dans les cabanes éta-
blies sur les divers quartiers du territoire[1]; il
fallait, d'un autre côté, ne pas laisser mourir de
faim, dans la ville, les pauvres et les nécessiteux
qui manquaient même de pain. Les consuls firent
distribuer tout ce qu'ils avaient à leur disposition, soit en vivres, soit en argent.[2]

Au milieu de tous ces embarras, au milieu de
cet état de détresse, les consuls durent faire un
appel aux communes voisines : manquant de
tout, des objets le plus nécessaires à la vie, la
ville avait grand besoin de n'être pas abandonnée
dans ce moment critique.

Malgré tous leurs efforts et toute la peine
qu'ils se donnaient, les consuls, on le comprend,
devaient être exposés à de nombreuses demandes
et à des réclamations de toute espèce. Aussi

---

[1] A Honnore Gassend dict Pau d'Annone ung escu pour paye-
ment des vaccations pour porter de vivres aux cabanes de
Madame de Châteauredon et aultres. (Compte du trés. de 1629,
Pierre Tardivy).

[2] Me Manuel Lombard feust comis par Messieurs les conseulz
de distribuer de vivres et argent a ceulx quen avoient necessite
tant a la ville que aux cabanes. (Compte du trés. de 162
Pierre Tardivy).

furent-ils forcés, pour empêcher l'invasion de
leurs maisons et échapper aux sollicitations im-
portunes et au contact des personnes atteintes
du mal contagieux, de placer des gardes à leurs
portes et de s'en faire accompagner.[1]

Mais les deux journées des 27 et 28 juin
avaient été si meurtrières qu'elles avaient jeté
partout la crainte et la terreur. Tous ceux qui
entrevoyaient la possibilité de quitter notre malheureuse cité, qui n'était pas encore cernée par
les troupes que le parlement faisait lever dans les
communes des environs, se disposaient à en sortir
et à chercher au loin un refuge à tant de maux.

C'est alors que le parlement, craignant que la
ville de Digne ne fût abandonnée dans un pareil
désastre, soit par ses consuls, soit par les officiers royaux, rendit, le 28 juin, un arrêt par
lequel il enjoignait aux officiers royaux et aux
consuls de Digne de rester dans ladite ville, et
dans le cas où ils en seraient sortis, d'y rentrer
sans délai, sous peine d'être poursuivis sévèrement et de répondre de tous les événements qui
pourraient arriver.

---

[1] Au subject de la malladie labord des particulliers de la ville
estoict fort gros pour parler a Messieurs les consuls pour garder
quilz ne feussent abordes de trop près praudre garde aux necessites des mallades de la ville. (Compte du trés. de 1629,
Pierre Tardivy).

Mais cet arrêt n'empêcha pas d'abord la désertion des habitants : la panique était générale,
et elle ressort on ne peut mieux de la délibération prise le 29 juin, sur la Place des Herbes,
aujourd'hui de l'Évêché, devant la porte du
consul Gaudin. Les conseillers présents se ras-
semblent à la hâte et prennent une délibération
que nous transcrivons, et qui est un véritable
cri de désespoir et de sauve qui peut poussé dans
un moment de profond découragement.

Délibération du 29 juin 1629.

Du vingt neuf juin mil six cens vingt neuf de
matin dans la place publique dicte des Herbes a este
delibere par les soubssignes quy nont peu sasssambler
a laccoustumee a cause de la maladye contagieuze
et pestillante de laquelle il plaict a Dieu daffliger la
ville que Pierre Ricavi M^e chirurgien de ladicte ville
yra servir les malades de ladicte maladye quy sont
dans linfirmerye durant un moys dhuy comtable a la
charge quil ne ce communiquera ni frequantera dans
la ville pour le prix durant ledict temps de cinq cens
cinquante livres quy luy seront expediees par Messieurs les consulz ou trezorier dicelle sur leur man-
demant sans quil puisse rien prethandre apres ledict
terme espire pour sa quaranteyne.

Appreuve le conseilh les infirmyers serviteurs
enterreurs et aultres personnes establyes pour le
service des malades de Messieurs les consulz et du
public au prix convenu.

Permis aux habitans de la ville de serrer leurs

meubles marchandizes et biens precieulx dans leurs
maizons et chambres particulieres dicelle et den
murer les portes et y fere appozer le sceau du Roi
cy besoin est et seront faictes les attestations requizes
des maisons quy sont encore en sante pour leur asseurance future.

Suivent les signatures.

TABARET. — GAUDIN, consul. — J. BOIER, consul. —
A. MEYNIER, consul. — MARCHIER. — BERNARD.
— REYNAUD. — HERMITE. — L. AMALRIC. — AU-
TARD. — PLAN. — FREDIÈRE. — JACQUES. — AL-
LEMAND.—DUPIES.—FABRY.—MICHEL.—ROUX.
— DUPONT. — AMAYENC. — RIPPERT. — Deux si-
gnatures illisibles. — DENOIZE, greffier.

On se disposait donc de toutes parts à abandonner la ville. Le conseil lui-même de la communauté en avait compris l'urgence. Il venait
d'autoriser les habitants à *serrer* leurs choses
précieuses, à fermer et à murer leurs portes,
et à y faire apposer le sceau du roi. On devait
en même temps faire faire toutes les attestations
requises pour les maisons encore en santé dans
l'intérêt de leur assurance future. Cette dernière
disposition avait sans doute pour but non-seulement d'assurer la conservation des objets ainsi
mis sous clef, mais encore d'éviter, pour l'avenir, la formalité de la purification dont nous
aurons à parler plus tard. Il n'était question ici
que des maisons encore en état de santé. Toutes
celles qui avaient été atteintes du fléau étaient

déjà complètement abandonnées. D'ailleurs, les consuls, qui faisaient garder leurs portes et s'entouraient de gardes pour éviter le contact des malades, et les officiers royaux n'auraient pas pu s'exposer aux atteintes de la contagion en pénétrant dans les maisons pestiférées.

Cette mesure prouve jusqu'à la dernière évidence combien les habitants étaient effrayés, et quelles prescriptions extraordinaires les consuls et le conseil étaient forcés d'ordonner.

Au reste, cette frayeur était bien légitime. La mortalité avait suivi une progression toujours croissante. On avait jeté en quarantaine un nombre infini de familles. Les vivres, les ressources de toute espèce commençaient à manquer, et en l'état d'interruption de toutes les communications, on ne savait comment y suppléer.

Les consuls déployaient envain un zèle souvent impuissant. Les gardes, les infirmiers ne pouvaient plus suffire : on n'en trouvait déjà plus qu'à des prix exhorbitants.[1]

Le chirurgien Ricavy avait traité avec les consuls. Il avait consenti à aller s'enfermer pendant

---

[1] Le nombre des morts a este si grand en ceste ville et aux cabannes hors icelle quil a fallcu employer pluzieurs infirmiers ausquelz a fallu donner ce quilz voulloient et encores a grand peine on en pouvoit retrouver. (Compte du trés. de 1629, Pierre Tardivy).

un mois dans l'infirmerie St.-Lazare, moyennant une somme de cinq cent cinquante livres. Le conseil venait d'approuver le traité fait avec lui; mais quelques jours après ce chirurgien devait trouver la mort au milieu des malades qu'il allait soigner. [1] Ce qui devait créer de nouveaux embarras, quoique sur cette somme ses héritiers fusent tenus de restituer tout ce qui dépassait 183 écus et 20 sous. [2]

Les autres médecins et chirurgiens étaient tout aussi difficiles. Ils exigeaient dix écus par semaine pour faire alternativement, et de deux en deux, le service de la ville et donner leurs soins à tous les malades indistinctement. On fut fort heureux de les satisfaire à ce prix. [3]

---

[1] Ayant lesdicts sieurs conseulz faict fere linfirmerie des mallades audict Saint-Lazare et fait conduire pluzieurs diceulx feust requis de prouvoir a leur guerison et feust conveneu avec Me Ricavy chirurgien que moyennant cinq cens livres que luy feurent expediees par ledict contable il alla servir les mallades ou il est mort. (Compte du trés. de 1629, Pierre Tardivy).

[2] Veu la deliberation du 27 juin 1629, lacte passe avec Pierre Ricavy chirurgien le 29 dudict mois receu par Me Denoize notaire avons receu l'article pour cent quatre-vingt trois escus et vingt sous. (Compte du trés. de 1629, Pierre Tardivy).

[3] Par delliberation du conseilh teneu en ceste ville feust accorde quil seroict donne dix escus a chescung des medecins et chirurgiens de ceste ville pour sepmeyne pour vizitter les mallades de la ville et les reveller au bureau, en execution de ce le contable a paye a Me Jean Andre medecin et Annibal Deblieux

Mais les malades de l'infirmerie n'avaient pas besoin seulement de secours corporels : ils manquaient de soins religieux, et aucun prêtre n'avait pu y être établi : deux pères Cordeliers, à la tête desquels se trouvait le père Durand, se dévouèrent au service des malades et s'enfermèrent dans l'infirmerie. [1]

Les distributions de vivres se faisaient chaque jour avec plus de difficultés. Le nombre des cabanes augmentait sans cesse : tous les quartiers en avaient été couverts ; on avait même empiété sur le territoire de Marcoux.

Or, à mesure que les difficultés croissaient, les ressources diminuaient, et on ne trouvait plus un nombre suffisant d'individus pour soutenir les divers services que l'on avait organisés dans le principe.

Les consuls ne se découragèrent pourtant pas. Le blé et l'argent leur faisaient défaut. Ils eurent

---

chirurgien dix escus chacung....... a Me David de Lauteret medecin et Lieutaud chirurgien pour la vaccation de la sepmaine quilz avoient faict vizitte a la ville des dicts mallades. (Compte du trés. de 1629, Pierre Tardivy).

[1] A François Nicollas sept escus douze soulz pour prix de deux couvertes de lict quil a bailles au reverand pere Durand et son compagnon qui feurent remis a St.-Lazare pour confesser et adcister les mallades qui y estoient. (Compte du trés. de 1629, Pierre Tardivy).

recours aux emprunts et achetèrent à crédit tout le blé qu'ils purent découvrir.

Marcelin Fabre, marchand, leur prêta six cents écus[1]; Me Gache, avocat, leur en prêta deux cents[2]; la dame Isabeau Savornin de Lauzières, leur en prêta cent[3]; enfin, ne sachant plus où passer, ne trouvant personne qui voulut ou qui pût leur prêter, un des consuls eux-mêmes, André Meynier, fit un prêt à la ville de huit cents écus.[4]

---

[1] La bource du trezorier estant espuisee et ne pouvant recouvrer aulcung argent des fermiers de la communaulte tant a cauze du mal contagieux arrive en la plus grosse partie, les aultres absants de la ville, a falleu necesserement en prendre de Marcellin Fabre marchand de ceste ville la somme de six cens escus que les sieurs consulz luy en auroient passe obligation de pantion perpetuelle, lacte est receu par Me Denoize nottere et greffier. (Compte du trés. de 1629, Pierre Tardivy).

[2] Me Gache advocat en la cour auroit preste a ladicte communaulte la somme de deux cens escus pour employer aux urgeants affaires de la communaulte, acte ledict Me Denoize. (Compte du trés. de 1629, Pierre Tardivy).

[3] Faict encores chargement de cent escus empruntes d'Isabeau Savornin de Lauziere a pantion perpetuelle, l'acte receu par Me Denoize notere le septiesme juilhet an susdict. (Compte du trés. de 1629, Pierre Tardivy).

[4] La mesme necessite a constrainct lesdicts sieurs consulz demprunter de noble Andre Meynier consul la somme de huict cens escus que luy en ont passe acte dobligation par-devant Me Denoize le septiesme juilhet audict an. (Compte du trés. de 1629, Pierre Tardivy).

Ces nouvelles ressources permirent de faire face
aux besoins les plus pressants. Si la peste avait
diminué, elles auraient pu en amener d'autres.
Mais la contagion devenait de jour en jour plus
terrible, et ces sommes furent bientôt épuisées.

Les cas de peste augmentaient tous les jours.
La maladie agissait avec tant d'intensité que la
plupart des malades mouraient avant d'avoir pu
être transportés à St.-Lazare. Il fallait pourvoir
à les ensevelir, en gardant toutefois les plus
grandes précautions.

Mais bientôt le nombre des victimes était de-
venu tel que les hommes employés à les ensevelir
furent insuffisants. [1] Le cimetière ordinaire fut
abandonné, et on crut devoir choisir un endroit
spécial pour tous ceux qui mouraient de la contagion. Les consuls avaient fait creuser des fosses
dans le jardin de Nicollas Deaudet [2], pour y ensevelir les victimes de la peste. Et pour remplacer
les ensevelisseurs eux-mêmes on avait fait construire une claie qui était occupée tous les jours

---

[1] Les infirmiers nayant le moyen de vacquer a ensevellir les
mortz et fere les fosses lesdicts sieurs consulz auroient employe
pluzieurs personnes desnommees a neuf mandatz jointz pour
leur aider. (Compte du trés. de 1629, Pierre Tardivy).

[2] Pour avoir faict un grand fosse au pred de Nicollas Deaudet
pour y enterrer les mortz de malladie suspecte. (Compte du
trés. de 1629, Pierre Tardivy).

à transporter les cadavres à leur dernière de‑
meure. [1]

Mais cette recrudescence de la maladie avait
créé de nouveaux dangers. Les corps laissés trop
longtemps dans les maisons répandaient une in‑
fection profonde qui donnait encore de la force
au fléau dévastateur. Les animaux eux‑mêmes
avaient été atteints, et les lisses actuelles étaient
encombrées de chiens et de chats morts de la
même maladie. [2]

Les consuls essayèrent encore de remédier à
cette nouvelle source de maladie : sur une or‑
donnance du bureau de santé, de grands feux
furent allumés sur toutes les places de la ville ;
des hommes furent chargés de balayer et de laver
les rues ; on s'efforça d'éloigner, par tous les
moyens possibles, tout ce qui pouvait alimenter
ou favoriser la contagion. [3]

---

[1] A Esperit Megy gendarme seze escus vingt soulz et huict
panaux avoyne pour le service et gages de luy et ung sien che‑
val pour ung mois pour tirer la claye que feust faicte pour
charrier les corps morts.... a Esperit Payan marechal trois escus
pour trante livres fer quil a fourny pour ladicte claye et a Pol
Corneilhe quy avait faict ladicte claye et fourny le bois dicelle
aultres trois escus. (Compte du trés. de 1629, Pierre Tardivy).

[2] A Bernardin Louis Chambon huit solx pour avoir enterer
quantitte de chiens et chats questoient hors la ville aux lisses.
(Compte du trés. de 1629, Pierre Tardivy).

[3] Linfection estant grande par la ville a cauze des corps morts

C'est sur ces entrefaites qu'arrivèrent quelques secours des communes de Valensole, de Seyne et de Riez, secours bien insuffisants et qui bientôt devaient rester inefficaces.

En présence de tant d'embarras et de misères, les consuls réunirent de nouveau le conseil de la communauté, qui, cette fois encore, s'assembla devant la porte du consul Gaudin. Nous transcrivons cette délibération qui confie la ville aux consuls et leur donne un pouvoir absolu.

Délibération du 9 juillet 1629.

Du neufviesme juilhet mil six cent vingt neuf de matin en la ville de Digne, devant la maison de M. le consul Gaudin a la plasse publique, par devant Me Jehan Baptiste Gaudemar conseilher du Roi au siege dudict Digne et en absance de M. le lieutenant ou sont estes prezentz Me Jan Gaudin, advocat en la cour, Me Jan Boyer recepveur particulier du domeyne du Roi audict siege et Me Andre Meynier consulz modernes, Louys Amalric, Claude Roux escuyers, Me Ollivier Dupies, Louys Reboul, advocat en la cour, cappitayne Pierre Chaud, Jacques Autard, Claude Savornin, Pierre Mathieu, Pierre Gautier, cappitayne Andre Cantel, Michel Meynier, Melchion Gai, Elzias de Rochas, Louys Meynier

questoient dans icelle dordinere feust donne advis de fere de feux par la ville et laver les rucs de temps en temps pour les puriffier. (Compte du trés. de 1629, Pierre Tardivy).

S' d'Entrages, Andre Eymar blanchier, M'Anthóine
Plan cy devant notere, M' Pierre Masse procureur,
Jehan Pierre Bertrand S' de Feissal et aultres.

Le conseilh attandu lextreme necessite de la maladye a donne toute sorte de pouvoirs a Messieurs les
consulz demprunter telle somme dargent quilz advizeront pour subvenir au payement des occurrances
necesseres et que les sommes seront reçues par Pierre
Tardivi et par lui expediees sur leurs mandemans
ensamble telle quantite de bled quilz treuveront bon
estre pour en secourir le peuple suivant les precedantes deliberacions.

Comme aussi le conseilh donne pouvoir de traiter
avec les medecins, appoticaires et chirurgiens a la
ville et aultres quilz treuveront hors de la ville cy
besoing est.

Rattifie le conseilh tout ce qua este fait par Messieurs les consulz jusques au jourdhui.

Suivent les signatures.

GAUDEMAR.—GAUDIN, consul.—J. BOIER, consul.—
A. MEYNIER, consul.—L. AMALRIC.—REBOUL.—
PLAN.—AUTARD.—ROUX.—MASSE.—SAVORNIN.
—AUTARD.—M. MENIER.—ROCHABRUN.—MA-
THIEU.—Deux signatures illisibles.—DENOIZE, greffier.

Ce conseil, le dernier qui nous ait été conservé
de l'administration municipale, qui se trouvait
à la tête de la ville de Digne lors de l'invasion du
fléau, n'est qu'une approbation hâtive, donnée
sur la place publique, des actes des consuls. Elle
est encore signée par les trois consuls eux-mêmes,
mais le lieutenant Tabaret est remplacé : a-t-il suc-
combé au fléau, ou a-t-il abandonné son poste ?

Le même jour, ensuite d'une délibération du bureau de santé, qui lutte de son côté et donne du courage à tous les fonctionnaires et aux habitants, les consuls font un nouvel accord avec les médecins et les chirurgiens, qui déjà ne se contentaient plus de dix écus par semaine, pour se dévouer au service des malades, et auxquels il fallut compter une somme de 700 écus. [1]

Parmi ceux avec qui l'on traite, se trouvent déjà des médecins étrangers qui sont venus apporter leur tribut de dévouement et d'efforts. Nous trouvons notamment un médecin de Mison. [2]

Un emprunt de trente-deux charges de blé est contracté, le 11 juillet, d'un marchand de la ville, André Boyer. [3] Les distributions se con-

---

[1] Le neufviesme juilhet falleust que Messieurs les conseulz fissent nouvelle pache avec les medecins et chirurgiens pour trailter les mallades de la ville et cabanes auxquels par commandemant et en prezance desdicts sieurs conseulz le contable auroit expedie à Me de Lauteret, Andre Rippert, medecins, Lieutaud et Deblieux chirurgiens, la somme de sept cens escus de largeant que la ville emprunta de Andre Meynier lung des conseulz, la quitance est receue par Me Denoize. (Compte du trés. de 1629, Pierre Tardivy).

[2] A Me Geremie Masson, chirurgien de Mison, deux escus et demy en desduction des gages a luy promis pour servir la communaulte. (Compte du trés. de 1629, Pierre Tardivy).

[3] Me Andre Bouyer, marchand de ladicte ville auroict fourny a la communaulte la quantitte de trante-deux charges de bled annone de laquelle ledict Tardieu en auroict passe obligacion

tinuent quoique toujours plus difficiles et par
suite moins régulières.

Mais la mortalité devient de plus en plus
effrayante : le nombre des morts s'accroît tous
les jours davantage. Les consuls eux-mêmes, ou
du moins leurs familles, sont à leur tour atteintes
de la peste. Le bureau de santé aurait dû au moins
faire une exception pour ceux de qui dépendait
le salut de la ville : il fut impitoyable et décida
que les mesures prises à l'égard des autres habitants leur seraient appliquées, et le premier consul, M⁰ Jean Gaudin, fut obligé à son tour
d'aller en quarantaine et de se mettre en cabane.
Il y était dès le 11 juillet. Nous en avons la preuve
dans le compte du trésorier, qui paye les frais de
construction de la hutte qui lui était destinée. ¹

acte receu par Mᵉ Denoize le unse juilhet audict an que feust en
appres distribue aux pauvres necessitus de la ville, de laquelle
quantite de trante deux charges bled où du prix a raison de
cinq escus la charge il en faict le chargement. (Compte du trés.
de 1629, Pierre Tardivy).

¹ Le neufviesme dudict mois (juillet) feust paye ausdicts
Astier, Jeauffred, Gassend et Louis Poustolle et a chescung
deux ung escu et un cestier bled pour fere de cabanes de Messieurs les consuls.

Le dix dudict mois (juillet)..... pour avoir faict le chemin
pour aller à la cabanne du sieur consul Gaudin.

Et finablement le unze dudict mois aux susdicts nommes leur
a este bailhe ung escu pour avoir travaille ung jour a ladicte
cabanne. (Compte du trés. de 1629, Pierre Tardivy).

Ses deux autres collègues ne furent atteints qu'après lui ; mais dès le 14 du mois de juillet, ils cessèrent de signer les mandats du trésorier[1], et dès ce moment commença l'épouvantable désordre que Gassendi retrace en traits si énergiques. Les ordres commencèrent à ne plus s'exécuter ; bientôt même il ne devait plus y avoir personne pour commander ; chacun ne dût plus songer qu'à soi-même.

C'est au milieu de cette consternation universelle que les membres du bureau de santé, seuls chargés de l'administration de notre malheureuse cité, se voyant dans un état d'impuissance absolue, ne comptant plus ni sur eux-mêmes, ni sur personne, voyant le fléau grandir tous les jours, ne crurent pouvoir mieux faire que de s'adresser à celui qui a la souveraine puissance, qui régit les mondes par la seule force de sa volonté, et au nom de la ville, au nom de leurs infortunés concitoyens, ils s'humilièrent profondément et crièrent merci à genoux et les mains élevées vers le ciel. Pour que leurs prières fussent plus favorablement accueillies, ils eurent

---

[1] Sur les mandats qui servent de pièces justificatives aux comptes du trésorier, on trouve, sur un mandat du 14 juillet, une annotation par laquelle le trésorier avertit qu'à partir de cette époque les consuls n'ont pu plus rien signer.

recours à la puissante intervention de la Vierge, sa mère.

Ils réunirent tous les membres du bureau de santé, s'adjoignirent tous les habitants valides de la ville, et tous ensemble, le 15 du mois de juillet, firent aux pieds des autels le vœu solennel d'aller processionnellement, après la cessation de la peste, en pélerinage à Notre-Dame-de-Grâce, chapelle en vénération à Cotignac, petit village de Provence, faisant partie aujourd'hui du département du Var. Ils promirent de faire à la chapelle un don de mille livres, sur les revenus de la communauté. Tous les membres présents s'obligèrent à exécuter personnellement ce vœu, et exprimèrent l'espoir, dans le cas où ils seraient victimes du fléau, d'en voir réaliser l'accomplissement par les survivants. [1]

---

[1] Auquel conseilh a este represante par ledict sieur consul Hesmivy que pendant le temps que ceste ville feust affligee de la peste il feust faict vœu par les sieurs consulz de lors et pluzieurs aultres particuliers quy estoient en ladicte ville, par delliberacion du bureau de sante, du 15 juilhet 1629 quapres la cessation de ladicte malladye la plus grande partye du peuple de ladicte ville quy aura este preservee de ladicte malladye iroient a pied portant un flambeau allume en main a Nostre Dame de Grasse, pour randre tres humblemant grasses a Dieu et a sa tres glorieuse mere patronne de ceste ville du benefice receu de Dieu par ses prieres et intercession et feroit haumosne a la chapelle de Cotignac herigee soubz le nom de la glorieuse

4

Cet acte est le dernier que nous trouvions mentionné dans les archives de la commune. Dès ce moment tout fut désorganisé, les services publics cessèrent, les distributions de secours n'eurent plus lieu ; le 24 juillet, le trésorier de la commune, Pierre Tardivy, qui avait jusque-là bravement résisté, succomba lui-même sous les coups du fléau. Le 26, tous les consuls avaient abandonné la ville.

Notre tâche s'arrête ici ; laissons parler Gassendi, car dès ce moment nos archives sont muettes.

Les symptômes qui annonçaient le mal et qui l'accompagnaient, étaient la soif, les suffocations, l'insomnie, la lassitude, la pesanteur de tête, l'extinction de la voix, les nausées, les vomissements, les déjections sanguines, les crachements de sang, la sueur, le tremblement, les convulsions, l'insensibilité causée par le froid, le délire, etc. Les symptômes les plus fréquents étaient l'apparition de bubons aux émonctoires des aisselles, des aînes et du cerveau. De forme ovoïde, les plus petits de ces bubons étaient de la grosseur d'une amande, et les plus gros, de la grosseur d'un œuf. Tantôt il n'en apparaissait qu'un seul, plus souvent deux ; quelque-

---

Vierge jusques a la somme de mil livres des deniers de la communaulte, ce chargeant a cest effect la consiance et la posterite de satisfere a ce vœu. (Délib. du conseil du 13 avril 1632).

fois ils étaient accompagnés de charbons, mais toujours ils étaient douloureux, surtout pendant l'inflammation. Ces bubons disparaissaient quelquefois d'eux-mêmes, ou rentraient en dedans; mais presque toujours ils venaient à suppuration, et tant qu'elle durait, il était impossible d'éprouver une douleur plus vive et plus aiguë. Les charbons se présentaient aussi tantôt seuls, et tantôt, comme nous l'avons dit, accompagnés de bubons, mais toujours enflammés, malins et entourés de pustules. Quelquefois il n'y en avait qu'un, souvent, un plus grand nombre; quelques malades en ont eu jusqu'à douze. Ils finissaient par se transformer en escarres et en ulcères d'une fétidité repoussante, larges comme la main, sinon davantage : rarement leur dimension restait en dessous. Chez quelques malades on n'a observé que des pustules de diverses nuances, noires, rouges, pourprées, couleur de feu. Chez d'autres, les articulations s'engorgeaient; quelques-uns même furent subitement frappés de mort, sans que la maladie se fût annoncée par quelque symptôme. Les cadavres présentaient un aspect horrible; la face était contournée, et les chairs, au lieu d'être molles et flasques, comme on aurait dû s'y attendre, étaient rudes et contractées.

Une des choses les plus surprenantes, c'est l'effet que produisait la violence de la maladie chez quelques individus. Un entr'autres, grimpa comme un écureuil le long d'une muraille, et parvenu sur le toît se mit à lancer des tuiles, qui pleuvaient comme des noix. Un autre, monté également sur le toît de sa maison, à l'aide d'une échelle, y fit pendant quelque temps toutes sortes de gambades, puis, après en être descendu, se mit à courir devant lui, jusqu'à ce que se précipitant au milieu des soldats commis à la garde de la ville, il tomba frappé d'un coup mortel. Un autre, indigné qu'on le retint à l'hôpital comme malade, parvint à s'échapper, courut vers sa femme qu'il rejoignit, et avec laquelle il s'abandonna aux plaisirs des sens : ils expirèrent instantanément l'un et l'autre. Un autre, s'imaginant qu'il pourrait voler, étendit ses bras, en guise d'ailes, se précipita d'un lieu élevé, et se brisa en mille pièces. Un autre, se figurant qu'il était dans un navire battu par la tempête, se mit à jeter ses meubles par la fenêtre, comme si c'étaient des marchandises. Enfin un père, en vint à saisir son jeune enfant, et à le précipiter tout vivant, les bras tendus hors de la croisée, sur le pavé de la rue.

Ajouterons-nous maintenant que la nature de la maladie était telle, que plusieurs personnes ont survécu après avoir passé pour mortes pendant plusieurs jours ? Ajouterons-nous qu'il a dû nécessairement arriver que des malades encore vivants aient été ensevelis ? Car, tant que les fossoyeurs purent suffire à leur tâche, ils s'empressèrent, sans laisser s'écouler le temps nécessaire, d'enlever tous ceux qui leur paraissaient privés de sentiment et de vie. Quelques-uns revenant à eux pendant qu'on les transportait, se précipitèrent hors du charriot sur lequel étaient entassés les cadavres. Une jeune fille de vingt ans, déjà jetée dans la fosse, donna des signes de vie, et en fut retirée. Une autre âgée de vingt-cinq ans, après avoir passé trois jours, privée de sentiment, dans un sillon de vigne, fut tirée le quatrième de son état de léthargie par la douleur que lui causait un bubon naissant, et fut assez heureuse pour en guérir. Une veuve resta six jours entiers sans avoir conscience de son existence, ou du moins sans prendre aucune espèce de nourriture ni de boisson, et ce fut peut-être ce qui la sauva. Un malade, regardé comme mort pendant quatre jours, ne put pas être enseveli, parce que sa femme qui avait creusé sa fosse, de ses propres mains, n'était pas assez forte pour l'y plonger elle-même : tout-à-coup il revient comme d'un profond sommeil, se met à parcourir les champs, prédisant l'avenir, annonçant le jugement dernier, et exhortant à la pénitence tous ceux qu'il rencontrait, accablant de malédictions ceux qui ne tombaient pas à ses genoux, et faisant mille choses bizarres que nous avons apprises de sa propre bouche.

Mais, c'est assez sur ce sujet, suivons le cours de la maladie : les premiers jours pendant la première semaine, il n'était mort que trois ou quatre personnes ; vers le milieu du mois de juin, il en mourait quinze par jour ; au commencement de juillet, le nombre des morts s'élevait chaque jour à quarante ; vers le milieu de juillet et au commencement d'août, à cent soixante ; ce ne fut que vers le milieu de ce dernier mois que ce fléau commença à perdre de son intensité : dans le courant du mois de septembre il ne mourait plus que cinq ou six personnes par jour ; et la mortalité cessa entièrement au commencement du mois d'octobre. De tous ceux qui étaient morts ou qui avaient survécu, on fit le compte, que cinq cents à peine avaient pu recevoir les soins et les secours nécessaires. Des familles nombreuses avaient été entièrement éteintes, et on citait une chambre, qui n'avait pas plus de deux toises carrées, dans laquelle on avait trouvé neuf cadavres.

La principale cause des ravages qu'exerça ce fléau, fut l'inexpérience d'abord, et ensuite l'interprétation trop rigoureuse de l'ordonnance ou arrêt du parlement, qui défendait, sous peine de mort, aux habitants de Digne, de sortir de la ville ou de son territoire. Or, le territoire de cette ville étant, comme nous l'avons déjà dit, extrêmement restreint par la Bléone, dont la rive extérieure appartient aux communes de Courbons et des Sièyes (quoique les terres, les vignes, les prés et les champs, qui s'étendent à une lieue et demie à la ronde, appartiennent exclusivement à des Dignois), son exiguité empêchait de diviser la population et de la répartir dans de petites habitations isolées, circonstance qui, assurément, n'était pas connue de la cour suprême. D'un autre côté, le conseiller chargé de faire exécuter cet arrêt, avait fait prendre les armes à des hommes des communes voisines, pour ne laisser sortir du territoire de Digne, aucun des habitants qui auraient cherché hors de la ville un toît ou un abri, et un poste de ces hommes armés fut établi sur le pont de la Bléone. Ces mesures furent souvent la cause, lorsque par exemple un crieur était envoyé pour faire quelque communication aux habitants de la ville, que les citoyens en accourant en foule, aux abords du pont, pour l'entendre, se pressaient, se touchaient et se communiquaient la maladie.

Ajoutez à cela que les habitants des villages voisins, en vinrent bientôt à un tel degré d'endurcissement, qu'ils restèrent complètement insensibles au malheur des Dignois : on aurait dû dans un pareil désastre, et dans l'impuissance où étaient les habitants de cette ville, de se procurer les choses nécessaires à la vie, les leur faire parvenir et prévoir leurs besoins : loin de là, lorsqu'un ami s'efforçait de faire passer dans la ville des vivres ou d'autres objets, les gardes les détournaient à leur profit ; si d'autres, dans l'espoir de réaliser un bénéfice, apportaient divers objets et les mettaient en vente, les gardes les achetaient à vil prix, pour les revendre ensuite à des prix excessifs. Quand la désolation fut à son comble et que les cadavres ne purent plus être ensevelis, il en resta plus de quinze cents sans sépulture, qui répandaient dans la ville la plus horrible infection. On agita un instant la question, et on décida de détruire par le feu la ville et ses habitants : si cette résolution ne fut pas exécutée, c'est qu'on apprit au même instant que la peste venait d'envahir trois ou quatre villes voisines, et l'on comprit qu'en incendiant la ville de Digne il fallait aussi les anéantir. On se borna donc à incendier une maison de campagne située dans un champ voisin de la ville et, avec elle, toute la famille de ses propriétaires qui s'y était retirée.

Certainement, si ces infortunés avaient pu se construire des chaumières, même de simples barraques dans les champs des environs, surtout sur l'autre rive de la Bléone, pour faire, suivant l'usage, une quarantaine de quelques jours, sous les yeux et la surveillance assidue des habitants des villages voisins, une très-grande partie d'entre eux, auraient pu se sauver, en fuyant le foyer de la contagion : un très-grand nombre de ceux qui purent se retirer dans les maisons de campagne du territoire de Digne échappèrent à la mort. Mais tous ceux qui n'eurent pas à leur disposition une pareille ressource, virent bientôt que la sévérité des populations voisines ne leur laissait aucun espoir de sortir de la ville : ils s'y enfermèrent donc et y périrent misérablement. La ville offrit surtout un aspect lamentable, lorsque la maladie en fut arrivée à ce point que l'hôpital établi au dehors de la ville, à la chapelle de Saint-Lazare, ne put plus recevoir de malades ; lorsque le char mortuaire ne put plus enlever les morts, parce que les fossoyeurs, ceux-mêmes qu'on avait choisis parmi les prisonniers, étaient morts ou moribonds. Les magistrats de la ville se virent alors dans la cruelle nécessité de relacher, d'abord, puis d'abandonner tout-à-fait les rênes de l'administration. La ville se trouva bientôt sans consuls, sans juge, sans culte divin : les ouvriers, les employés de la cité manquèrent bientôt à leur tour : l'horloge se tut, les fontaines tarirent, les moulins s'arrêtèrent, les fours se refroidirent, le marché resta désert, et on manqua des choses les plus nécessaires à la vie.

Une chose remarquable, c'est que dans ces jours, où la mort paraissait inévitable, on vit quelques personnes, dans la crainte d'être enterrées toutes nues, s'envelopper d'un suaire avant même d'être atteintes par la maladie. Tout sentiment de pitié et d'humanité était anéanti. On vit une femme refuser à son mari malade toute espèce de secours. Une autre, en mal d'enfant, car toutes avortaient sous l'influence de cette maladie, se délivra elle-même de son fœtus, le porta à sa mamelle avant qu'il fût détaché du placenta, et périt bientôt après avec lui. Un grand nombre d'individus erraient çà et là pillant les maisons désertes, et préférant s'enrichir de cette manière plutôt que de servir un maître. On n'aurait pas trouvé un domestique au prix de deux cents écus par mois. Ces malheureux ne savaient pas que bientôt ils seraient frappés à leur tour et périraient avec leurs richesses mal acquises. De tous ceux qui se livraient à ces excès, peu survécurent, les autres perdirent sans savoir comment ce qu'ils avaient amassé. Lorsqu'un malade revenait à la santé, il se plaçait aux endroits exposés au vent, et le bravait en face. Ceux qui se rencontraient dans les rues, ne se reconnaissaient plus, et se regardaient comme des ombres vivantes. Heureux celui qui, dans ces temps affreux, pouvait pourvoir lui-même à ses besoins, et n'était pas obligé de recourir à l'assistance d'un autre.

Beaucoup périrent abandonnés dans les champs et furent trouvés gisant sur le sol où ils avaient rendu le dernier soupir. Parmi eux on trouva une mère dont l'enfant suçait encore les mamelles glacées par la mort. Quelques jeunes enfants vécurent du lait de chèvres qui leur servirent de nourrices ; d'autres en plus grand nombre restèrent pendant longtemps ignorés dans les maisons et privés de sépulture. Les pères qui avaient survécu ensevelissaient leurs enfants ; les enfants inhumaient leurs parents ; les époux leurs femmes, et les femmes leurs maris. Mais les fosses avaient si peu de profondeur, que le moindre vent mettait souvent à découvert le visage ou quelques membres des cadavres ainsi ensevelis. Bien plus, on avait creusé au Pré-de-Foire et dans un champ voisin des Eaux-Chaudes d'immenses fosses dans lesquelles on amoncelait les cadavres : celles qui se trouvaient le plus rapprochées de la ville furent tellement encombrées, qu'on put à peine les recouvrir d'une quantité suffisante de terre, et qu'on fut obligé d'en remettre une seconde fois, pour cacher des bras ou des jambes qui apparaissaient çà et là.

DEUXIÈME PARTIE.

Nous n'ajouterons rien au tableau énergique
tracé par la main de Gassendi. Triste spectacle,
que celui d'une ville de dix mille âmes en proie
au terrible fléau de la peste, et abandonnée, au
moment du danger, non-seulement par les
officiers royaux, mais encore par ses consuls et
par les médecins eux-mêmes, sur le dévouement
desquels elle aurait dû pouvoir compter. Tirons
un voile sur cette scène d'effroyable confusion
et de désordre, et arrivons bien vîte à cette
époque qui suivit la cessation de la maladie contagieuse et pendant laquelle on s'efforça de ré-
parer, autant qu'on le put, les maux que Digne
avait subis.

Mais d'abord disons quelques mots sur ces
deux mois terribles pendant lesquels on ne put
songer qu'à sa conservation personnelle, et dont
il ne reste plus dans nos archives la moindre

trace, silence pour le moins aussi significatif que les phrases si fortement senties de notre illustre Prévôt. Essayons de rappeler les quelques faits épars que Gassendi ne mentionne pas et que nous avons trouvés dans des pièces postérieures à cette époque. Ces faits sont peu nombreux, d'une très-minime importance; mais ils ne doivent pas être négligés, précisément à cause même de la rareté de pareils renseignements.

Le 24 juillet, nous l'avons déjà dit, le tréso-sorier Pierre Tardivy était mort; le 26 du même mois, les trois consuls étaient sortis de la ville.[1] C'est surtout depuis ce jour néfaste que Digne resta sans direction, sans administration, jusques vers la fin du mois de septembre suivant.

C'est le 27 septembre seulement que la peste cessa complètement[2], et ce n'est qu'à cette épo-

---

[1] La copie des délibérations du conseil subrogé reçues dans les minutes de Me Denoize, notaire, et écrite toute entière de sa main, est précédée du titre que nous transcrivons : Extraict des deliberations du conseil des habitants qu'estoient dans la ville de Digne durant la peste tenues par-devant les consuls subroges estant les aultres consulz sortis de ladicte ville le vint-six juilhet mil six cent vint-neuf et ny sont rentres jusques a ce que la ville a recouvre son entree quest au mois d'avril mil six cent trente. (Archives de Digne).

[2] Estant entre dans ladicte ville durant la contagion, jusques au vingt-sept septembre suivant que la maladye a entierement cesse. (Délib. du conseil du 18 avril 1630).

que qu'on put s'occuper avec fruit de la réorganisation d'une administration nouvelle.

Une note du trésorier de 1630-1631, André Boyer, nous apprend que dans les premiers jours du mois d'août[1], alors que le docteur Lautaret et l'apothicaire Jacques étaient retenus dans leur lit par la peste, que presque tous les chirurgiens étaient morts victimes du fléau, et que tous les autres médecins saisis d'épouvante s'étaient hâtés de fuir, il arriva à Digne un prêtre, originaire de Normandie, du diocèse d'Abranche, appelé Michel Massue dans les délibérations du conseil, qui s'offrit spontanément à servir et traiter les habitants malades et à faire des travaux de purification devenus indispensables.

Il fut accueilli avec reconnaissance; on lui promit un magnifique habit de camelot[2], et de

---

[1] Durant la peste de ceste ville les medecins layant quictee et abandonnee et les chirurgiens et appoticaires cy estantz mortz forz le sieur de Lautaret medecin et le sieur Jaques appoticaire qui estoient mallades de la peste, les habitantz se treuvant par ainssin sans ayde ni secours, se presenta Me Michel Massue, prestre originere de Normandie au dioceze d'Abranche pour servir les habitantz les traicter et puriffier la ville, lequel feust receu et donne asseurance de bon payement. (Compte du trés. de 1630).

[2] Le sieur Massue a dict et declaire quen ce que regarde le travailh qua faict puis le troisiesme aoust dernier quil entra en ceste ville jusques au vingt-septiesme septembre suivant, il meritoit de recevoir aultre recompanse de ceste ville quun habit

plus qu'il serait largement payé de tous les soins
et de tous les services qu'il rendrait aux habitants
atteints de la contagion.

Nous aurons plus d'une fois encore à parler
de Michel Massue; nous ne voulons ici que
constater son arrivée à Digne, le 3 août, au
moment où la peste sévissait avec le plus de
violence.

Il résulte encore de tous les registres de cette
époque, de toutes les délibérations du conseil
qui nous ont été conservées, que ce fut M. le
conseiller d'Agut, membre du parlement séant
à Aix, qui fut chargé de faire exécuter l'arrêt
rendu pour interdire l'entrée et la sortie de la
ville de Digne.

M. le conseiller d'Agut s'acquitta de sa mission avec une grande activité et la sévérité la
plus rigide. Il fit lever des troupes dans toutes
les villes, dans tous les villages qui avoisinaient
notre malheureuse cité. Il en leva jusqu'à la
Javie, Colmars et Castellane. Toutes les issues
de Digne furent, grâces à ses soins, rigoureusement gardées : toutes ces troupes établirent
leur blocus même aux portes de la ville et empêchèrent les habitants qui avaient des campa-

camelot, qui luy feust promis par le procureur d'ycelle, sauf
a luy de se fere payer sondict travail et fournitures aux particuliers. (Délib. du 18 avril 1630).

gnes dans les environs de s'y retirer. M. le conseiller d'Agut promit aux communes dans lesquelles il fit ces levées qu'elles seraient plus tard indemnisées; il se transporta partout en personne pour assurer l'exécution des sévères mesures ordonnées par le parlement.

Nous n'avons que peu de traces des actes de M. le conseiller d'Agut; mais une preuve qu'il dût exercer une grande influence et une grande autorité pendant toute cette époque sur la ville de Digne, c'est que, chargé de l'exécution de l'arrêt qui sequestrait ses habitants, nous trouvons des actes de lui du mois de juillet, nous le trouvons ensuite organisant des levées d'hommes dans toutes les communes pour le blocus de Digne; plus tard, c'est lui qui, à la cessation du fléau et avant que la ville ait repris la liberté de circulation, réorganise l'administration municipale; c'est lui enfin qui dirige les travaux de purification et qui veille sur la ville de Digne jusqu'à l'époque où l'entrée lui est enfin rendue et la libre circulation rétablie.

Les délibérations du conseil de l'année 1630 contiennent souvent des plaintes amères contre lui[1], et le conseil, dans sa séance du 20 octo-

---

[1] On lit notamment dans une délibération du 6 avril 1630 :
« Ce qu'ils ont dict sans approbation de toutes les procedures

bre 1630, invite les syndics à se procurer des expéditions en forme de tous les actes émanés de ce conseiller commis par le parlement.

Il existe, non pas dans les archives de Digne, mais dans celles de Riez, une lettre de ce conseiller, M. d'Agut, en date du 11 juillet 1629, dont nous devons la connaissance à un modeste savant de cette ville.[1] Cette lettre est adressée aux consuls, et il paraît que M. d'Agut s'occupait alors de rechercher la cause de l'invasion du fléau à Digne. Il écrivait que *André Gassend, merchant de Digne, estant aux abois de la mort* avait *déclaré que lui avec deux autres merchants de Riez par leur advarice* avaient *cause le mal contagieux audict Digne.*

Si la vérité de cette déclaration pouvait être admise, l'opinion que la peste a été apportée dans nos murs par les troupes venant d'Italie se trouverait détruite. Mais nous ne savons pas quel degré de confiance peuvent mériter des révélations faites au lit de mort par un malade qui, peut-être, comme tant d'autres, avait le délire

---

» faictes contre eulx et principalement de celles de Mgr. le
» conseilher d'Agut, dont ils protestent et se pourvoiront en
» temps et lieu. »

[1] Nous regrettons de ne pouvoir pas autrement ici témoigner notre reconnaissance à celui qui nous a fait cette communication. Il ne faut rien moins que la promesse que nous avons faite de ne pas le nommer.

et par suite des hallucinations sur la réalité desquelles on ne peut guères compter.

Quoiqu'il en soit de la mission remplie par le
conseiller d'Agut pendant les mois de juillet,
d'août et de septembre, et sur laquelle nous
n'avons que des renseignements vagues et fort
incertains, nous trouvons, à la date du 5 octobre 1629, la mention d'une ordonnance qui
constitue à Digne une nouvelle organisation municipale[1], et nous trouvons, à partir de cette
époque, une série de délibérations qui nous ont
été conservées par le notaire Denoize, dans ses
minutes, délibérations dont il fit plus tard une
copie, certifiée et signée par lui, qui fut annexée
au registre des délibérations de l'année 1630.

Grâces à ces documents qui nous ont été con-
servés par un homme courageux et dévoué, qui
resta impassible dans son étude tant que dura
le fléau, nous pourrons suivre nos pères pendant
cette période remarquable qui s'étend du 5 oc-

---

[1] Du cinquiesme jour du moys doctobre mil six cent vingt-
neuf de matin en la ville de Digne et dans la maison de Jehan
Pierre Bertrand Isoard sieur de Feyssal, viguier et premier
consul de ladicte ville, et suyvant lordonnance rendue ce
jourdhui par Monsieur le lieutenant comyssere, par-devant
icelluy viguier et premier consul, tenant le baston du Roy en
main, le conseilh particulier de la commune de la mesme ville
estably par ledict sieur lieutenant et comyssere, a este assamble
a la maniere accoustumee, etc.

tobre 1629 au 21 mars 1630, durant laquelle les habitants de Digne, sequestrés dans leur ville, furent obligés de subvenir tous seuls à leurs besoins, isolés qu'ils étaient du reste de la province par les arrêts rendus par le parlement d'Aix.

L'assemblée du conseil nouvellement organisé se tient le 5 octobre 1629, dans la maison de Jean-Pierre-Bertrand Isoard, Sr de Feyssal, premier consul subrogé et exerçant en cette qualité les fonctions de viguier. La délibération dit en termes exprès que cette assemblée a lieu *suyvant lordonnance rendue ce jourdhuy par Monsieur le lieutenant commissere*. Or, ce lieutenant commissaire n'est autre que M. le conseiller d'Agut, délégué par l'arrêt de la cour et qui se tient dans les environs de la ville, d'où il veille sur tout ce qui peut intéresser les habitants. [1]

---

[1] Le lieu'enant commissaire se trouve indiqué dans cette délibération sans indication de nom, et nous avions cru d'abord qu'il s'agissait simplement du lieutenant principal du siége. Mais la suite des délibérations, les actes importants, celui de la purification générale notamment, provoqués par ce lieutenant commissaire, le titre lui-même de commissaire, enfin le nom de M. le conseiller d'Agut employé dans un passage où l'on fait allusion aux consuls subrogés *que y ont este establys par Mgr. le conseiller d'Agut commyssere depute par nosdicts seigneurs* (du parlement) *pour le faict de la sante*, ont fait disparaître toute incertitude, et il est bien établi pour nous que

Par cette ordonnance, de nouveaux consuls sont subrogés aux anciens, qui sont absents de la ville. Ce sont MM. Bertrand de Feyssal, premier consul, Jehan Dejanon, deuxième consul, et André Besson, tiers consul.

La même ordonnance recompose le conseil particulier, dans lequel viennent prendre place Jean-Baptiste de Faucon sieur du Sauze, avocat en la cour, François Jacques, apothicaire, capitaine Pierre Brun, Me Bernardin Bain, praticien, David de Lautaret, docteur en médecine, Estienne Hellye, couturier, Pierre Chaussegros, avocat en la cour, Barthélemy Autard, sieur de Tauze, Jean Thome et Jean Deaudet, procureur au siége de la ville de Digne. Tous ces nouveaux conseillers sont déclarés subrogés aux membres de l'ancien conseil, tous absents, soit par suite de mort, soit par suite de désertion.

Le premier objet dont s'occupe le conseil, n'eût été, dans des circonstances ordinaires, qu'un acte de simple administration intérieure; mais en l'état de séquestration de la ville, la question la plus simple se complique étrangement.

On était alors, nous l'avons dit, au 5 octobre;

---

le lieutenant commissaire, dont il est fait si souvent mention dans le Recueil du notaire Denoize, n'est autre que le conseiller d'Agut.

le temps de la vendange était arrivé, et il s'agissait de faire la cueillette des raisins, non–seulement dans les vignes situées sur le territoire de Digne, mais encore dans celles appartenant à des habitants de la ville et situées sur le territoire des communes voisines, de Courbons, des Sièyes, de Gaubert, etc., bien plus nombreuses, bien plus importantes que celles situées sur le terroir de la commune, extrêmement limité.

Le parlement avait rendu un arrêt pour régler l'ordre dans lequel devait se faire la vendange, et prononçait des peines corporelles sévères contre tous ceux qui, en y procédant, s'écarteraient de la voie publique et vacqueraient à d'autres soins que ceux de la vendange et de la cueillette des fruits.

Cet arrêt avait frappé de terreur les habitants des communes voisines, qui se voyaient menacés de la présence et du contact de malheureux pestiférés, qu'ils traquaient depuis plusieurs mois, sous l'impression de la crainte qu'ils leur inspiraient. Ils s'adressèrent au lieutenant commissaire, M. le conseiller d'Agut, et le supplièrent d'empêcher l'exécution de cet arrêt, offrant de faire eux–même la vendange pour les habitants de Digne, à leurs propres frais et dépens.[1]

---

[1] Auquel conseilh a este propoze par ledict Sr de Feyssal, viguier et premier consul que Nosseigneurs de la souvereyne

M. le conseiller d'Agut, avant de mettre à exécution l'arrêt de la cour du parlement, fit connaître au conseil de la communauté les propositions qui lui étaient faites; mais le conseil tout entier demanda que l'arrêt du parlement fût exécuté dans sa forme et teneur, et recommanda expressément aux consuls de supplier humblement à cet égard M. le lieutenant commissaire, en le priant de leur communiquer une expédition de cet arrêt et une copie de l'ordre établi par lui pour la vendange.

Le conseil ordonne ensuite de faire dans toute la ville des criées et proclamations pour faire connaître les diverses inhibitions et défenses portées par l'arrêt, et recommander aux habitants de ne pas s'écarter des chemins publics et de ne vaquer qu'à la vendange et à la cueillette des fruits, sous peine de punition corporelle.[1]

---

cour de parlement de ce pays ont faict arrest et estably ordre pour le faict de la vendange des vignes que les particuliers de ceste ville ont aux terroirs de Corbous, Sièyes et Gaubert et parce que les particuliers et communaultes desdits lieulx ont faict offre de fere la vandauge des vignes que lesdicts particuliers de ceste ville ont auxdicts terroirs de Corbous, Sièyes et Gaubert a leurs propres coutz et despans pour esviter la communication des personnes, attandu la maladye que regne en ceste ville, a requis estre sur ce dellibere. (Délib. du conseil du 5 octobre 1629).

[1] A este dellibere que l'arrest donne par nosdicts Seigneurs de parlement touchant la vandauge des vignes des particuliers

Cette séance du 5 octobre se tint, comme nous l'avons déjà dit, dans la maison du premier consul subrogé, Bertrand Isoard de Feyssal. Il en fut ainsi jusqu'au 5 octobre, où le conseil se réunit dans le palais-de-justice, qu'on appelait alors la maison du roi, et qui a été transformé de nos jours en bibliothèque publique. [1]

Les travaux de la vendange dûrent ne commencer que quelque temps après cette séance du conseil, et être retardés, par suite des difficultés soulevées jusques vers le 15 octobre; mais l'exécution de l'arrêt devait donner naissance à des embarras qu'on n'avait pas d'abord prévus.

Parmi les vignes dont la récolte devait avoir lieu, il y en avait un grand nombre qui, après

---

de ceste ville sictuees aux terroirs de Corbons, les Sieyes et Gaubert, le sieur lieutenant et commyssere sera supplie le fere mettre a entiere execution selon sa teneur, et establir lordre tel que par luy sera advize, neanlmoingz nous mander l'extrait dudict arrest et deliberacion par luy faicte sur lordre quil establyra, et que cryees et proclamations seront faictes par la ville portant inhibitions et deffances a toutes personnes de sescarter des chemins publicques et de ne vacquer quau faict de la vandange et culhelt des fruitz à peine de punition corporelle. (Délib. du conseil du 5 octobre 1629).

[1] On croit généralement à Digne que la bibliothèque publique actuelle a été depuis la plus haute antiquité la maison du roi, *curia regia*. Nous avons trouvé la preuve que dans les XIVe et XVe siècle, la *curia regia* se trouvait sur la place actuelle de la Mairie, dans la maison Antiq.

la longue mortalité dont la ville de Digne avait été affligée, appartenaient à des héritiers encore mineurs, ou dépendaient de successions vacantes. On se demanda qui devait se charger en leur nom de cette récolte pour leur en rendre compte en temps et lieu. Était-ce à la communauté et aux consuls à accepter une pareille responsabilité? Ce rôle ne convenait-il pas mieux aux plus proches parents des familles ainsi décimées?

Les consuls ne voulurent rien faire sans consulter le conseil particulier de la communauté, et le 17 octobre, ils lui soumirent la question. Le conseil, sans hésiter, ordonna que les plus proches parents devraient se charger des fruits des mineurs et des héritages vacants, en les obligeant à fournir bonne et suffisante caution. On poussa même les précautions jusqu'à désigner deux habitants pour faire la prisée des fruits ainsi confiés aux parents.

Ce conseil fut tenu au moment où la vendange occupait la plus grande partie de la ville, et nous en trouvons la preuve dans la délibération elle-même, qui constate que si on n'a pas délibéré autre chose, c'est à cause de la précipitation que nécessitent les travaux de la vendange.[1]

---

[1] Sur la proposition qua este faicte scavoir si les consulz et communaulte se doibt charger des fruitz quy sont apresant pandans aux vignes du terroir de Corbons et des Sièyes appar-

Cependant, quoique pendant ce mois d'octobre, et depuis la réorganisation de l'administration communale, la ville de Digne paraisse, à en juger par les deux premières délibérations qui nous restent de cette époque, presque complètement absorbée par les soins de la vendange, les consuls subrogés devaient avoir d'autres occupations non moins embarrassantes.

L'administration nouvelle récemment créée, subrogée à l'ancienne, comme on disait alors, par M. le conseiller d'Agut, avait pris en main la direction de la cité dans des circonstances tout-à-fait extraordinaires. Tous les services administratifs se trouvaient désorganisés depuis plusieurs mois : on ne faisait plus de recettes ; on ne pouvait par conséquent guères faire face aux dépenses ; toutes les sources de revenus étaient taries ; on n'avait pas pu songer à remplacer le trésorier, dont les fonctions eussent été tout au moins inutiles.

---

tenans a des pupilles ou heritages vaccans et litigieux ainsin que les communaultes de Corbons et des Sièyes ont offert fere.

A este dellibere que les proches parans se chargeront des fruitz des pupilles ou heritages vaccans, en bailhant bonne et suffizante caution, lesquels fruitz seront pezes par Gaspard Dhermite et Mathieu Pierre Escuyer et par de personnes de la ville telles que seront advizees par la communaulte, et aultre choze na este dellibere a cauze de la precipitation de la vandange. (Délib. du conseil du 17 octobre 1629).

D'un autre côté, toutes les mesures d'ordre
intérieur, de police communale, avaient été
partout abandonnées. Il fallait tout réorganiser,
et comme la ville se trouvait dans une position
exceptionnelle, il fallait recourir à des moyens
inusités.

La ville était bloquée, comme pendant la
peste, et les habitants ne pouvaient avoir aucune
communication avec le dehors. Les criées faites
au nom du lieutenant commissaire, ou en vertu
d'un arrêt du parlement, se faisaient sur le pont
de la Bléone, et les pauvres habitants étaient obligés, pour l'entendre, de se presser à ses abords.

Les consuls subrogés, qui s'étaient dévoués
d'avance à combattre toutes les difficultés qui
pourraient surgir sous leurs pas, qui avaient le
cœur plein de courage et de patriotisme, et qui
voulaient retirer leur pays de l'état d'affreuse
détresse dans lequel il se trouvait, entreprirent
de ramener l'ordre au milieu de ce dédale, et se
mirent à l'œuvre avec la plus grande énergie.

Mais, malgré toute leur bonne volonté, malgré
leur désir sincère de remédier au mal, ils ne
purent et ne dûrent songer qu'à une réorganisation provisoire accommodée aux exigences de
la position extraordinaire dans laquelle la ville
gémissait. Il fallait, avant tout, obtenir du parlement l'entrée qui était interdite et rentrer dans
les voies desquelles on était sorti.

Une fois le conseil constitué, tous les fonctionnaires, tous les serviteurs de la commune
furent renouvelés. Deux gardes du terroir furent
nommés par les consuls.[1]

On renouvela la défense d'entrer et de sortir
de la ville sans avoir fait la quarantaine prescrite,
pour ne pas donner motif au parlement de re-
tarder indéfiniment cet arrêt d'entrée après
lequel tout le monde soupirait. Des criées et
proclamations furent faites à cet effet. On me-
naça les habitants qui favoriseraient cette entrée.[2]

Une patrouille qui parcourait la ville et de
jour et de nuit fut organisée.[3]

Les diverses rêves qui pouvaient procurer

---

[1] Que sera esleu deux gardes pour la garde du terroir, aux
gaiges de 24 escus l'an par chascung, telz que seront choisis par
lesdicts sieurs consuls. (Délib. du conseil du 25 octobre 1629).

[2] Aussy a este delliberc que personne de tous ceulx quy sont
hors de la ville, ne pourront entrer dans icelle, que au prealable nayent faict quarantene et eu gardes a leurs despans vizitte
prealablement faicte, et cryees et proclamations seront faictes
portant inhibition a toutes personnes dintroduire dans leurs
maisons aulcung de ceulx que sont absans a peyne de cent livres
despans domaiges interest et estre mis en quarantene avec
gardes suffisantes à leurs despans. (Délib. du conseil du 25 octobre 1629).

[3] Plus que la patoulhe sera continuee aux gaiges de deux
escus par moys pour chasque soldat comme seront choizis par
lesditz sieurs consuls. (Délib. du 25 octobre 1629).

quelques ressources et qui toutes avaient été
interrompues furent mises aux enchères, et on
avisa au rétablissement de la boucherie[1]

On permit aux habitants d'aller prendre du
bois dans la forêt de Feston, en se conformant
toutefois au règlement fait par un bureau établi à cet effet qui délivrait à chaque chef de famille des autorisations spéciales. Tout individu
qui serait allé dans la forêt, sans s'être conformé
aux prescriptions ordonnées était frappé de peines sévères. [2]

Nous ne suivrons pas les consuls de cette époque au milieu des nombreux détails d'administration qui dûrent les occuper, nous ne le pourrions d'ailleurs que très difficilement, n'ayant
pas d'autre indication que les délibérations conseillères dont nous avons parlé.

Mais le fait capital de cette époque, celui qui
domine les délibérations du conseil, c'est le fait

---

[1] Que la boucherye et aultres reves de la communaulte seront
mizes a lenchere a lacoustumee (Delib. du cons. du 25 octobre 1629).

[2] A este delibere aussi quon yra prandre de boys aux boys
de Feston ainsin quil sera advize par ung bureau que sera estably, et que tous ceulx que yront seront tenus de prandre de
billhetes et suivant le reglemant quen sera dresse par ledict bureau, et qualitte des personnes. (Délib. du cons. du 11 novembre 1629).

de la purification générale dont nous aurons à
parler un peu longuement peut-être.

Ce fut le premier objet dont s'occupa M. le
conseiller d'Agut, lorsque la peste eut cessé, et
dès que l'administration municipale eût été ré-
organisée. On ne pouvait pas rendre à la ville de
Digne le droit d'entrée et de circulation, sans
avoir procédé d'abord à une purification générale, qui permît aux étrangers et aux habitants
qui l'avaient quittée d'y revenir sans crainte.

M. d'Agut envoya donc à Digne des parfumeurs chargés de procéder à cette opération
importante. Ce fut un sieur Tablier de St. Alley,
qui y vint dans le courant du mois d'octobre :
il était accompagné d'un assez grand nombre
d'employés sous ses ordres.

Mais la ville ne voulut rien commencer sans
connaître à quelles conditions cette purification
serait faite, et quelle ne fut pas sa surprise,
quel ne fut pas son étonnement, lorsque M. de
St. Alley, envoyé par le commissaire du parlement, réclama pour son salaire et celui de ses
collègues 100 pistoles par mois et pour chacun, outre un écu par jour pour leurs aides,
somme à laquelle il évaluait leur dépense jour-
nalière. [1]

---

[1] Auquel conseilh a este reprezante par le dict sieur de Feyssal viguier et premier consul que les parfumeurs envoyes en

La ville s'émut en présence de pareilles prétentions et le conseil s'assembla le 25 octobre
pour en délibérer.

On fut unanimement d'accord que la ville ne
pouvait pas subvenir à d'aussi fortes dépenses :
on trouvait d'ailleurs un moyen facile de faire
ce travail à bien meilleur marché.

Trois habitants de la ville, dont les connais-
sances spéciales offraient toute sorte de garan-
ties, David de Lautaret, docteur en médecine,
François-Jacques, appothicaire et Jehan Dejanon, l'un des consuls subrogés avaient proposé
de se charger de cette entreprise en fournissant
eux-mêmes toutes les drogues nécessaires, moyennant 6 écus par mois, ou 7 écus, s'ils étaient
obligés de faire venir le genièvre à leurs frais. [1]

En l'état de cette offre, il n'y avait pas lieu à
hésiter, et le conseil décida unanimement qu'on

---

ceste ville prethandent avoir pour leurs gages cent pistolles le
chascung par moys oultre leur despance de bouche quest ung
escu par jour sy bien que la commune ne peult souffrir une sy
grande despanse veu que l'on trouvera d'aultres qui le feront à
meilheurs condicions, gens entendus pour ce fere. (Délib. du
cons. du 25 octobre 1629).

[1] Me David de Lautaret, docteur en médecine, Jehan Louis
de Janon consul, et François-Jacques appolicaire, offrent fere
le parfum de ladite ville à raison de six escus par moys, des drogues quy sont necesseres employer et genievre et à sept écus
en faisant venir le genievre (Délib. du cons. du 25 oct. 1629).

supplierait humblement M. le conseiller d'Agut,
lieutenant et commissaire, de vouloir bien autoriser la ville à accepter la proposition faite par
les trois habitants de Digne, pour éviter à la
ville des frais auxquels, dans son état de détresse, elle serait dans l'impossibilité de subvenir, et d'ordonner que les parfumeurs par lui
envoyés sortiraient de la ville, après avoir fait
toutefois la quarantaine exigée.[1]

Cette demande fit hésiter M. le conseiller
d'Agut. Il était difficile d'imposer une lourde
charge sur une ville réduite à une extrême misère, et cependant, d'un autre côté, il n'était
pas prudent de laisser exécuter par les habitants
de Digne eux-mêmes une mesure aussi importante que celle de la purification.

Il fit annoncer aux consuls qu'il enverrait un
règlement sur l'ordre à suivre dans ce travail de
purification, sur la dépense qui devrait en résul-
ter, et sur la marche qui devrait être rigoureusement suivie.

Le 11 novembre, il n'avait encore pris aucune

---

[1] A este delibéré que M. le lieutenant et commissere sera
très-humblement supplye vouloir donner quaranteyne auxdits
parfumeurs pour esviter despance à la communaulté, cy mieulx
lesdits parfumeurs n'aiment fere et continuer le parfum aux
gaiges de six écus comme est offert cy dessus dont en feront
déclaration. (Délib. du cons. du 25 oct. 1629).

détermination, et on attendait encore ce réglement qu'il avait promis.

Dans la première séance de ce jour, le premier
consul subrogé, d'après les ordres sans doute du
lieutenant-commissaire, propose au conseil,
d'autoriser MM. Gaudin et Roux, qui sont en
dehors de la ville et peuvent parcourir le reste
de la Provence, à faire les emprunts nécessaires
pour assurer les travaux de purification. Mais le
conseil, tout d'une commune voix, demande
avant de prendre aucun engagement, communication du règlement dressé par M. le lieutenant
commissaire, et des prescriptions des consuls
pour en assurer l'exécution. Le conseil ne veut
voter des fonds que lorsqu'il saura le chiffre des
dépenses qu'on lui impose.[1]

---

[1] Auquel conseilh a este reprezante par ledit sieur de Feyssal
premier consul, de fere procure à Messieurs Gaudin advocat en
la cour et à Me Jan Boyer recepveur particulier au domeyne du
Roy aussi consul de ladite ville pour emprunter quelques sommes pour subvenir aux urgeans afferes de la communaulté et
par ce moien les payer, de ce porter ou besoing sera pour demander les quaranteines pour la communaulté attandu qu'ils
sont hors de la ville de pouvoir aller partout, que sans leur
adcistance, ladite communault éne peult avoir entree et adcistance
de tout plain d'autres afferes.
Sur quoy a este delibere qu'avant fere aulcung emprunt on
verra et aura en main le réglement et délibération faicte par M.
le lieutenant commyssere et icellui eri fere avec cellui qui sera
faict par la communaulté, pour en apres emprunter tout comme
cougnoistra estre necessere. (Délib. du cons. du 11 nov. 1629).

Ce refus est dicté autant par le désir d'obtenir de plus amples renseignements sur les réponses à faire, que par la répugnance du conseil à s'adresser aux anciens consuls. Cette répugnance ressort déjà de cette délibération, et elle se prononcera bientôt avec plus d'énergie.

Quoiqu'il en soit, ce règlement ne tarda pas à être communiqué au conseil, suivant le désir qu'il en avait exprimé. C'est le 13 novembre qu'il en fut donné lecture, en plein conseil, et nous regrettons de n'avoir pas été assez heureux pour le retrouver dans les archives de la commune.

Dans ce même conseil, on donna aussi lecture d'une sommation signifiée au nom de MM. Gaudin et Boyer, consuls qui avaient quitté la ville, et qui, quoique absents, se croyaient encore en possession de l'autorité que leur assurait leur charge. Ils demandaient que la purification fut poussée avec célérité et diligence. [1]

---

[1] Auquel conseilh a ete faicte lecture du réglement faict par M. le lieutenant commissere pour le faict de la puriffication de la ville et cy l'ordre donné par iceluy doibt estre gardé, aussi d'une sommation faicte cejourd'hui par Mes Gaudin et Boyer, consuls modernes, aux fins de vacquer dilligemment au faict de ladite puriffication et aultres chozes particulières requerans estre sur le tout délibéré, prostestant lesdits consuls subrogés en cas de noppiner sagement contre lesdits conseilhers en leur propre de tout ce qu'ilz peuvent et doibvent, sen deschargeant à cela (Délib. du cous. du 13 novembre 1629).

Le conseil, sans se prononcer sur la sommation
faite par ses anciens consuls, fut obligé de se
soumettre à l'ordonnance rendue par le lieutenant-commissaire qui établissait l'ordre de la
purification. M. le conseiller d'Agut exigeait, à
la vérité, que les parfumeurs par lui envoyés
fussent employés à ce travail. Mais, en compensa-
tion, les Consuls avaient obtenu qu'au lieu de faire
venir de nouveaux parfumeurs on accepterait
ceux qui se présentaient à Digne. On s'était même
empressé de traiter avec eux, et on avait d'avance
réduit leurs prétentions à de justes limites.

Les trois habitants de Digne qui s'étaient
proposés pour faire la purification à des conditions si avantageuses pour la ville, étaient autorisés à s'adjoindre deux hommes, comme le
sieur de St-Alley, pour les aider et assister. On
avait même obtenu d'adjoindre à ces parfumeurs le prêtre Michel Massue, dont nous avons
déjà parlé, et qui était à Digne depuis le 3 août,
où il avait fait preuve de dévouement.

La purification devait être ainsi poussée ac-
tivement par cinq parfumeurs, dont un imposé par le commissaire, et les quatre autres choisis par les consuls.

Le conseil s'empressa d'approuver et de
recommander l'adoption de ce règlement, et autorisa, à ces conditions, un emprunt de 500 écus,
pour payer la dépense.

6

En même temps , il chargea tous les parfumeurs désignés, de faire immédiatement un
rapport sur le mode d'exécution de ce nouveau
règlement, et de dresser un état indiquant l'ordre à suivre, attendu que celui tracé par le
règlement de M. le lieutenant-commissaire serait complètement inexécutable.

Ce rapport sera ensuite adressé sans retard à
M. le lieutenant qui devra lui donner son autorisation et son approbation.[1]

Le conseil charge en même temps les consuls
de demander à ce magistrat une ordonnance
qui permette d'ouvrir toutes les maisons, cham-

---

[1] Sur quoi a este delibere que les sieurs consuls subroges
amprunteront dargeant dans la ville en suffizance pour estre
employee au faict de la puriffication de ladite ville et aultres
afferes urgeans de la communaulte et jusques à la somme de
cinq cens escus.

Et en ce quest du reglemant mande par mondict sieur le lieutenant et commissere sur le faict de ladite puriffication a este
delibere que le sieur de Lautaret, Françoys-Jacques et M⁰ Jean
Louys de Janon Consuls, M⁰ Michel Massue prestre, et Charles
Tablier, maîtres parfumeurs respondront sur ledict reglemant et
dresseront estat comme quoy sera procede que sera envoye
audict sieur commissere pour l'authorizer pour estre il mande
par ledit sieur commissere tout-à-faict impossible destre
garde.

Rattifiant ledit couseilh le marche faict aux parfumeurs à la
charge qu'ilz tiendront deux hommes le chascung pour ayder.
(Délib. du cons. du 13 novembre 1629).

bres et appartements, tant de ceux qui sont présents dans la ville de Digne, que de ceux qui sont absents, pour que toutes les maisons, sans exception, puissent être parfumées et soumises à la purification.[1]

Il ordonne en outre que pendant cette opération personne ne puisse entrer dans la ville sous peine d'expulsion.[2]

Telles sont les mesures ordonnées par le conseil pour cette grande opération que le parlement d'Aix avait déclarée indispensable et sans laquelle la ville n'aurait pas obtenu l'entrée dont elle était privée depuis si longtemps.

Le rapport des parfumeurs fut immédiatement fait et adressé à M. le conseiller d'Agut qui l'approuva. Le 23 novembre, le conseil s'as-

---

[1] Que mondict sieur le lieutenant et commissere sera treshumblement supplye dordonner que toutes les maisons, chambres, antichambres, cabinetz, et societtez appartenant tant à ceulx qui sont dans la ville que dehors seront ouvertes pour estre le tout parfume et puriffie, aultrement qu'il sera proteste du subjour des parfumeurs et de tous despans domaiges-interest contre les reffuzans et aultres quil appartiendra sen dechargeant le conseilh dez aujourd'hui. (Délib. du cons. du 13 novembre 1629).

[2] Comme aussy a este delibere que sans exception de personne, aulcung ne pourra entrer dans la ville, et audict cas seront chasses. (Délib. du cons. du 13 novembre 1629).

semble de nouveau, au moment où les travaux doivent commencer, et prend quelques nouvelles mesures que nous devons rappeler en peu de mots.

Le 13 novembre le conseil avait fait défense à toutes personnes se trouvant hors de la ville d'y entrer sous peine d'expulsion. Cette défense atteignait tous les malheureux dispersés dans l'étendue du territoire de Digne, depuis qu'ils y avaient été jetés en quarantaine. Quand ils surent les mesures ordonnées, ils voulurent venir veiller eux-mêmes à leurs intérêts et assister à la purification de leurs maisons, et de tous les côtés des réclamations furent adressées aux consuls.

Cette demande fut soumise au conseil le 23 novembre et on ordonna aussitôt sans hésiter, que tous ceux qui s'étaient réfugiés dans le territoire de Digne par suite de l'invasion de la peste, pourraient y entrer, s'ils étaient sains et bien portants, et qu'à cet effet ils seraient préalablement visités par ceux que MM. les consuls commettraient.

On ordonne de plus que personne ne pourra entrer dans la ville, ni meubles, ni hardes, sans les avoir soumis à une purification préalable, qui se fera en les lavant dans une dissolution d'eau et de vinaigre, et ce, sous peine de confiscation et de vente de l'objet saisi, dont moitié applicable au dénonciateur, et moitié aux pauvres de l'hôpital.[1]

Le conseil commet ensuite des intendants, pour veiller à ce que la purification se fasse conformément au règlement, et à ce qu'elle ne produise aucun désordre. Les consuls et MM. de Lautaret, Jacques et Pierre Brun sont spécialement chargés de ce soin.[2] Nous ne nous expliquons pas trop comment le médecin Lautaret et

---

[1] Auquel conseilh a este reprezante par ledict sieur de Feyssal premier consul qu'il y a plusieurs particulliers et familhes de la ville quy sont hors dicelle et dans le terroir tant en bastides que cabanes, lesquelz desirent ce retirer et entrer dans la ville, requerant le conseilh dy deliberer et prouvoir ensamble de cometre des intandants pour adcister a la puriffication de la ville suivant l'ordonnance de monsieur le lieutenant commissere afin quelle soit faicte comme sappartient et ratifier lacte damprunt de quatre cens escus.

Sur quoy a este delibere que tous ceulx quy sont dans le terroir de ceste ville, qui cestoient absantes a cause de la maladye contagieuse cy sont gailhards et au prealable seront vizltes par ceulx que messieurs les consuls cometront, et que ne pourront entrer aulcungz meubles et ardes quy ne soyent laves et puriffies a peyne de confiscation moitie aplicable aux dénonsiateurs et laultre a œuvre pie ou aux pauvres de lospital. (Délib. du cons. du 23 novembre 1629).

[2] A este comis pour intandantz et prandre garde que la puriffication soit faicte comme sappartient et quil narrive aulcung desordre lesdits sieurs consulz, le sieur de Lautaret, le sieur Jacques et ledict cappitayne Pierre Brun et seront satisfaicts ainsi que le conseilh treuvera bon (Délib. du cons. du 23 novembre 1629).

l'apothicaire Jacques, qui étaient eux-mêmes chargés des opérations de la purification, pouvaient être à la fois choisis pour intendants. Mais au xviie siècle, on pouvait être moins rigoriste qu'aujourd'hui.

Enfin le conseil ratifie un emprunt de 400 écus contracté par les consuls,[1] et commet Antoine Taxil pour peser le genièvre qui sera apporté pour la purification.[2]

La purification devait faire faire une grande consommation de genièvre, et les consuls avaient consenti des prix faits avec un individu qui était chargé d'en apporter à Digne la quantité nécessaire et avec un autre individu chargé de le concassser. Le conseil ratifie aussi ces deux actes.[3]

C'est à partir de cette époque que la purifica-

---

[1] Le contract passe par lesdicts sieurs consulz en faveur de damoiselle Marguerite Autard, de la somme de quatre cens escus recus par moy (Me Denoize) notaire et greffier de la communaulte le vingtiesme du courant est apreuve et ratifie et sera largent employe pour la despance de puriffication sans divertir. (Délib. du cons. du 23 novembre 1629).

[2] Est comis ledict Anthoine Taxil pour pezer le genievre que sera aporte pour la puriffication de ladicte ville. (Délib. du cons. du 23 novembre 1629).

[3] Et l'acte de prix-faict qua este passe pour aporter et concasser ledict genievre est aussi ratiffie (Délib. du cons. du 23 novembre 1629).

tion commença. Toutes les maisons y furent soumises : l'absence du propriétaire n'était pas un empêchement; et tous les objets mobiliers furent impitoyablement trempés dans le parfum purificateur.

Le genièvre entrait dans la composition de ce parfum, qu'on appelait vulgairement parfum doux. Ce parfum n'était pas le seul ingrédient de la substance destinée à la purification. Nous avons trouvé une note qui nous en a fait comprendre la composition.

On mêlait ensemble quatre pots de vinaigre, une livre de parfum doux, une livre d'alun et une livre de soufre.[1]

On passait une couche de cette liqueur sur les murs intérieurs des maisons, sur les plafonds et les planchers. On en induisait les tables, chaises et autres meubles meublants; et on y trempait ensuite tout ce qui devait subir l'opération de la purification.

Nous avons retrouvé quelques inventaires dressés par suite de cette opération dans diverses

---

[1] Drogues fournies au parfum de la maison de M. de Pontis
Premièrement 1 liv. parfum doux.
Plus   1 liv. allun.
Plus   1 liv. soufre.
Plus   4 pots de vinaigre.

maisons de la ville, et ils offrent des détails assez singuliers.[1]

---

[2] Iuventere des meubles que les parfumeurs ont sorty de la maison de Jehan Gautier.

Premierement deux aux de chausses gris.

Plus deux mauvaises bissaches.

Plus deux robes de femme lune grise et lautre noire.

Plus deux robes de clerson lune rouge et lautre noire.

Plus une chemisolle de femme grise.

Plus une autre robe rouge.

Plus ung corps de femme jaulne.

Plus ung sac pour traversier.

Plus ung pourpoinet dhomme.

Inventere des meubles que les parfumeurs ont sorty de la maison dHenry Giraud.

Premièrement ung cortinage consistant en trois rideaux, son entour avec la frange.

Plus quatre linceuils.

Plus trois chemises deux dhomme et une de femme.

Plus une besasse.

Plus ung mattelas et son traversier de leyne.

Plus trois chemises deux de femme et une dhomme.

Plus ung couttillon de femme gris.

Plus une chemisolle dhomme blanche.

Plus un pourpoinet de femme noir.

Plus une liasse.

Plus une tricousse dhomme.

Plus une serviette.

Plus une couverte de peyn noire.

Plus ung mauvais sac à tenir bled.

Plus un autre sac.

Plus deux couvertes de lict blanches lune bonne et lautre mauvaise.

Plus quatre piasses.

Plus une bissache.

Ces opérations de la purification durèrent jusques vers le milieu de janvier 1630. Lorsqu'elles furent terminées, le conseil chargea les parfumeurs de faire un rapport sur l'état, qualité, et quantité des drogues pour la purification envoyées d'Aix par le consul Gaudin et le greffier de la communauté. [1]

C'était le 17 janvier que le conseil faisait cette ordonnance, et dès le 26, il prescrivait aux consuls de pourvoir à la quarantaine des parfumeurs et de traiter avec eux des vacations qui leur étaient dues. [2]

Cependant quelques difficultés s'élevèrent pour la fixation du salaire et des vacations du sieur de St.-Alley, qui demandait plus de 1200 écus. On transigea avec lui en lui payant un solde de 250 écus, et le 7 février 1630, le conseil ratifia ce marché des consuls. [3]

---

[1] Le conseil a comys MM. de Janon consul, de Lautaret, medecin, Jacques appothicaire, Me Massue et le sieur de Saint-Alley, parfumeurs de cette ville pour fere rapport de lestat qualite et quantite de la marchandise et drogues mandees pour la purification de la ville quont este mandees par M. Gaudin par devant le greffier de la communaulte. (Délib. du cons. du 17 janvier 1629).

[2] Que les sieurs consulz prouvoiront à la quarantene des parfumeurs ensemble traiteront avec eulx de leurs vaccations (Délib. du cons. du 28 janvier 1629).

[3] Auquel conseilh a este reprezante par lesdicts sieurs consulx que eulx avec aultres apparans de la ville pour couper

Le conseil vota en même temps un nouvel
emprunt, tant pour solder les dépenses de la
purification que pour les autres besoins de la
commune.[1]

---

chemin a proces sur ce que M. Charles l'ablier sieur de St.-
Alley, parfumeur prethandroit pour ses salleres et vacations
pour raison de parfum et puriffication qu'il a faict en la ville
mande par Mgr. le conseilher d'Agut, reçu par la communaulte, se monter lesdictes vaccations, a ce qu'il prethandoit, à
plus de douze cens escus, ils auroient accorde lesdictes prethau-
tions et vaccations a deux cens cinquante escus, oultre et par-
dessus ce quil en avait tire et quatorze escus vingt-quatre soulz
que la communaulte sera tenue bailher a Scipriam Lions et ce
tant pour lui que pour Denys Pierre et aultres serviteurs quil a
tenu a ladicte purification en ce tout comprins, cy tel estoit le
plaisir du conseil de icelluy accord ratiffier.

Sur quoy a este delibere que le conseilh a approuve et ratiffie,
aprouve et ratiffie le marche et accord qua este faict avec ledict
sieur de St.-Alley, recougneu quil est bon et prouffitable pour
la communaulte. (Délib. du cons. du 7 févr. 1630).

[1] Encore a este propoze que pour le payement de ladicte
somme (celle accordée a M. St.-Alley) il est necessere damprunter et encore pour tout plain daultres afferes que ladicte communaulte a ny ayant aulcuns deniers en la communaulte, requè-
rant le conseil dy pourvoir.

Sur quoy a este delibere quil sera emprunte par la communaulte et de telles personnes quon treuvera et particulierement
de M⁰ Jan Deaudet, procureur au siége de cette ville, la somme de
quatre cens escus pour le payement dudit sieur de St.-Alley et
afferes de la communaulte que celluy quy les prestera expediera
suyvant les mandats quen seront faicts par les sieurs consulz,
leur donnent chargé et pouvoir den passer les obligations requises.

Nous avons été forcés, pour achever de raconter tout ce qui concernait la purification de pousser notre récit jusqu'au mois de février. Nous devons maintenant revenir un instant sur nos pas, pour faire connaîre un fait qui ne nous est révélé que par Gassendi, et dont nous avons vainement cherché des traces dans nos archives. Laissons parler Gassendi :

Mais il est temps d'en finir : la ville se trouva délivrée de ce fléau dans le courant du mois d'octobre et de novembre, et on songea à la désinfecter en la nettoyant avec attention. D'un autre côté, comme les soldats commis à la garde de la ville se conduisaient insolemment (au commencement de décembre un citoyen fut frappé par eux et devint leur victime), les habitants qui étaient restés dans la ville, et ceux qui depuis y étaient revenus, formèrent le complot de les expulser de la ville : ce qui fut effectué ; quelques-uns de ces soldats furent tués, les autres mis en fuite, et les habitants ne voulurent plus souffrir

---

Rattifiant a presant tout ce que par eulx sera faict pour raison dudict amprunt.

Que lamprunt que se fera soit dudict M⁰ Deaudet ou aultres de la ville sera largent pris en pantion ou a debte a jour en payant les intherestz à la cotte de lordonnanee puis le jour du contract faisant pour cest effect procuration auxdicts sieurs consulx de passer lesdictes obligacions tant en le propre nom de ladicte communaulte que des denommes au présent conseilh et cy besoing est le tout fere rattifier et appreuver au premier conseilh général. (Délib. du cons. du 7 février 1630.)

qu'on envoyât une garde nouvelle. C'est alors qu'en faisant le dénombrement de ceux qui avaient échappé au fléau, soit dans la ville, soit dans la campagne, on ne trouva plus que quinze cents âmes ; et dans ce nombre, plus de femmes que d'hommes; plus de vieillards que de jeunes gens : sur ces quinze cents, cinq ou six tout au plus n'avaient pas été atteints par la maladie.

Inutile de rappeler ici que la liberté de circulation ne fut rendue aux habitants de Digne par un nouvel arrêt de la cour que vers les fêtes de Pâques, sur la fin du mois d'avril suivant. Inutile aussi de rappeler que lorsque, dix-huit mois après, la peste fondit pour la seconde fois sur la ville, tous les habitants s'empressèrent de fuir au loin : aussi n'en périt-il guère plus de cent, et encore tous ceux qui en furent victimes étaient-ils tous nouvellement fixés à Digne. Une chose remarquable, c'est qu'aucun de ceux qui avaient eu la première maladie, n'en fût atteint à la seconde invasion.

Nous aurons à parler dans notre troisième partie de la seconde invasion de la peste qui n'eut lieu que vers le milieu de l'année 1631.

Nous devons seulement faire observer ici que la cessation du fléau que Gassendi ne fixe que dans le courant d'octobre et de novembre, est indiquée par les registres de nos archives et par les délibérations conseillères à l'époque précise du 27 septembre.

Nous aurons aussi à nous occuper de l'entrée de la ville ordonnée par l'arrêt du parlement

que cite Gassendi et qui fut rendu à Pertuis le
20 février 1630.

Les formalités de la purification, ordonnées
par le parlement et dirigées par M. le conseiller
d'Agut, avaient entraîné beaucoup de longueurs
et de retards, et la ville était impatiente de sortir
de cet état de sequestration et d'ilotisme dans
lequel on la tenait depuis la cessation du fléau.
Aussi, un grand nombre d'habitants, sans s'arrêter aux sévères défenses qui leur étaient faites,
et que les consuls faisaient exécuter dans la
seule crainte que ces infractions ne causassent
de nouveaux motifs de délai, franchissaient-ils
fréquemment les barrières et allaient-ils, dès
qu'ils le pouvaient, visiter dans les communes
environnantes, des Sieyes, de Courbons, de Gaubert, leurs propriétés depuis si longtemps abandonnées. Ce sentiment intime, l'amour de la
propriété, si vif encore aujourd'hui chez beaucoup de natures, devait à cette époque être bien
plus intense encore.

Dans sa séance du 2 janvier, le conseil arrête
que de nouvelles inhibitions et défenses seront
faites à toute sorte de personnes, de quelque
condition qu'elles soient, de franchir les barrières, et ce, sous peine d'une amende de cent
livres et de punition exemplaire. Le conseil ordonne, en outre, de faire inhibition et défense
aux habitants des villages voisins de s'introduire

dans la ville, sous peine de *la vie* et de confiscation des meubles et hardes qu'ils y appor-
teront.

Pour assurer l'exécution de ces ordonnances,
les conseils devront placer un plus grand nombre
de gardes aux barrières, et les habitants seront
appelés, par voie de capage, à la garde des
portes de la cité.[1]

Ces prescriptions sont renouvellées à chaque
conseil. Les délibérations des 17 et 28 janvier,
les seules qui aient été, avec celle du 2, tenues
pendant ce mois, les contiennent également.
On dirait que le conseil craint toujours que la

---

[1] Auquel conseilh a este represante par ledict sieur de Feyssal,
premier consul, qu'il y a beaucoup de personnes quy ne se
veulhent pas contenir passent au-dela la barriere.

Sur quoy a requis le conseilh de deliberer et mettre des
gardes pour que personne né passe ladicte barriere.

A este delibere que sera mis deux hommes de garde à la barriere pour empecher que personne ne passe icelle et que inhibitions et deffanses seront faictes à toute sorte de personnes de
passer ladicte barriere a peyne de cent livres et de punition
examplaire;

Qu'il sera mis des gardes aux portes et advenues de la ville
par capage dont le rolle en sera dresse par MM. les consulx et
enjoint a tous ceux quy seront commandés dy'aller a peyne de
vingt soulx;

Quinibitions et deffances seront faictes par cryee publique a
toutes sortes de personnes des lieulx sirconvoisins entrer dans
la ville a peyne de la vye et de confiscation des meubles et ardes
que seront aportes dans icelle. (Délib. du cons. du 2 janv. 1630).

violation des ordres transmis par le lieutenant commissaire, n'ajourne indéfiniment le retour de la ville à un état de choses plus normal que celui dans lequel elle gémit et s'étreint.

C'est à peu près vers cette époque, que commence une lutte intéressante dans sa cause, intéressante dans ses résultats, qui ne doit ici nous arrêter qu'un instant, mais qui se prolongea pendant quelques années et que nous suivrons jusqu'à la fin, en poursuivant nos études sur la peste.

On sait déjà que les consuls qui se trouvaient à la tête de l'administration communale, au moment du fléau, avaient déserté la ville, dès le 26 juillet, et l'avaient laissée sans direction : c'étaient notamment le premier consul Gaudin, et le deuxième consul Jehan Boyer, receveur du domaine royal. Nous n'avons plus retrouvé de traces d'André Meynier, tiers consul qui probablement était mort, victime peut-être du fléau.

Ces trois consuls avaient été nommés, lors de la création du nouvel Etat, le 24 mars précédent, de l'année 1629. Suivant les règlements communaux, et en l'absence de toute sentence et de toute décision du parlement sur ce point, et malgré la nomination de consuls subrogés faite par l'ordonnance du 5 octobre de M. le conseiller d'Agut, ils se considéraient comme encore légalement revêtus de leur charge, et comme les seuls et légitimes représentants et consuls de la ville de Digne.

Ils se trouvaient en ce moment en la ville d'Aix, où ils s'étaient réfugiés, et quand ils crurent qu'ils pouvaient rentrer dans la ville sans danger, ils voulurent reprendre leurs fonctions, et s'adressèrent, en leur qualité de consuls de Digne, au parlement de Provence, siégeant alors à Pertuis, qui rendit quelques arrêts que nous ne connaissons malheureusement pas, et dans lesquels, sans aucun doute, il accueillait leurs demandes au nom de la ville de Digne.

Le consul Gaudin, tout fier d'être reconnu par le parlement, comme premier consul et représentant de la ville de Digne, s'empressa d'accourir, et quoiqu'il ne pût pas franchir les barrières, il fit signifier ces arrêts aux consuls subrogés, pour prendre acte de la reconnaissance de ses droits faite par la cour.

Cette signification fit à Digne une profonde sensation. Le conseil fut aussitôt assemblé : c'était le 17 janvier 1630, et le premier consul subrogé, M. Ysoard de Feyssal, fit part au conseil de ce qui se passait.

Il lui exposa, ou pour nous servir de l'expression alors consacrée, il lui *représenta que des personnes qui n'avoint aulcung pouvoir ny charge* de la ville, avaient à l'insu de la communauté, poursuivi et obtenu des arrêts du parlement de Provence. Il proposa, en conséquence, d'envoyer auprès de la cour une députation spéciale pour faire valoir les droits de la commune.[1]

Le conseil tout entier ordonne aussitôt qu'on désavoue expressément tout ce qui a été ainsi fait à l'insu de la ville, soit pour obtenir des arrêts, soit dans tout autre but; et que Me Bouche, procureur à Aix, du ministère duquel on s'est servi, soit formellement désavoué comme procureur de la communauté. Le conseil exprime en outre la volonté que toutes poursuites ne puissent être faites que par la personne commise et spécialement députée par lui, qui devra employer le ministère de Me Gardet, procureur ordinaire de la communauté et à son défaut Mc Niel.[2]

---

[1] Auquel conseilh a este reprezante par lesdicts sieurs consulz et aultres que au dessu de la communaulte on a poursuivy a fere doner des arretz a Nosseigneurs de la court de parlement de ce presant pays de Provence et ce de personnes quy navoint aulcung pouvoir ny charge de ladicte communaulte estant grandement prejudiciable pour icelle et mesme par M[e] Bouche, procureur en ladicte court quy nest aulcunement procureur de ladicte communaulte et sans aulcung pouvoir ny charge dicelle et quil fault particuliere depputation du conseilh de ladicte communaulte pour aller tres-humblement supplier nosdicts seigneurs de ladicte court de prouvoir a ce quil sera necessere pour le bien de ladicte communaulte requerant le conseilh d'y prouvoir. (Reg. des délib. 17 janv. 1630).

[2] Sur quoy a este delibere que toutes les porsuites que ont este faictes soit pardevant nosseigneurs de la cour de parlement

7

Le député de la ville devra en même temps supplier instamment les membres du parlement et le lieutenant du grand sénéchal à Digne, de décider franchement quels sont les consuls qui doivent conserver l'administration de la ville. Sera-ce les consuls subrogés nommés et institués par M. le conseiller d'Agut, pendant la peste? Ou bien les consuls nommés lors de la création du nouvel état et qui ont abondonné la ville à cause de la contagion? Les habitants de Digne ne peuvent pas raisonnablement être tenus d'obéir à plus de trois consuls. D'ailleurs, observe le conseil, les consuls absents de la ville ne peuvent leur être d'aucune utilité, et leurs prétentions ne font naître dans la ville que désordre et confusion. Au reste, la ville et ses habitants ne désirent pas d'autres consuls que ceux qui ont été institués par M. le conseiller d'Agut.[1]

---

ou aultrement en quelle façon que ce soit, sans charge et valable pouvoir de la communaulte et conseilh dicelle, soit pour avoir des arretz ou aultrement, le tout faict au desseu de ladicte communaulte sera desavoue et mesmes Me Bouche procureur en ladicte cour; que sy la communaulte a affere de porsuites, elles seront faictes par telle personne que le conseilh commettra, et que Me Gardet, procureur en ladicte cour continuera estre procureur de ladicte communaulte, et a son deffault ou empeschement, on se servira de Me Niel aussi procureur. (Reg. des délib. 17 janv. 1630).

[1] Quon supplyera tres humblemant nosdicts seigneurs et M. le lieutenant du grand seneschal au siege de Digne dordonner

Le conseil députe ensuite Me Jean Chaussegros[1], procureur près la ville de Digne, qui n'a-
vait pas quitté son pays, et qui, pendant le fléau,
lui avait rendu tous les services d'un bon citoyen.
C'était lui, au reste, qui avait fait aux prétentions
des anciens consuls, l'opposition la plus vigou-
reuse, et qui s'était hautement prononcé contre
elles. Il n'était pas au conseil, mais son zèle était
connu. Nous aurons à parler de lui plus d'une
fois encore, car au mois de mars suivant, il fut
nommé premier consul, et c'est à son activité et
à son intelligence, que la ville dût, en grande
partie, l'atténuation des maux qu'elle avait souf-
ferts.

---

quels consulz la communaulte doibt recougnoistre, soit ceulx
quy sont absans dupuis longtemps de cette ville et quy ne veulent point entrer dans icelle, ou bien ceulx quy sont dans ladicte
ville que y ont este establys par M. le conseilher d'Agut, commissere depute par nosdicts seigneurs pour le faict de la sante,
nestant raisonnable que la communaulte et particuliers récou-
gnoissent plus que de troys consulz ainsin quest de coustume,
ayant delibere et recougneu que les consulz absans de ladicte
ville leur sont tout affet inutiles, et que ne peult porter que de
confusion nayant intantion et volonte la comunaulte et particuliers, cy cest le bon plaisir de la cour de ne recognoistre aultres
consulz que ceulx quont ete establys par Mgr. le conseilher
dAgut. (Reg. des délib. du 17 janvier 1630).

[1] Et pour obtenir ce que dessus et aultres afferes de ladicte
communaulte le conseilh a comis et deppute Me Jan Chaussgros
enquesteur pour le roi et procureur au siege de ladicte ville pour
ce porter ou besoing sera. (Reg. des délib du 17 janvier 1630).

Dès que le conseil fut terminé, le greffier, c'était toujours le notaire Denoize, se transporta à la barrière du grand pont ou du pont de Bléone; et là, signifia à Me Jehan Gaudin, et Roux Dallyeis qu'il trouva à la barrière, un extrait de cette délibération.

Puis il en fit faire une criée sur le pont, à haute et intelligible voix, et dressa acte du tout, en présence de Me Samuel Taxil, chanoine; Antoine Taxil, son frère, et Blaise Francoul, marchand.

Le notaire déclare en outre que Me Gaudin et Roux Dallyeis qui étaient présents, mais de l'autre côté de la barrière, n'ont pas pu signer, parce qu'ils n'ont pas osé s'approcher. [1]

Me Jehan Chaussegros accepta la mission dont

---

[1] Dudict jour (17 janvier 1630) et peu apres, au requis des sieurs consuls, comunaulte et particuliers denommes au susdict conseilh, par moy notere royal et greffier de ladicte communaulte soubssigne, ledict conseil a este monstre, publie et signiffie a Me Jan Gaudin advocat en la cour et Andre Roux Dallieys sieur de Chaudol et dudict Feyssal, lesquels apres avoir entandu la lecture dicelluy ont requis extraict.

Faict et publie a la barriere du grand pont, presantz Me Samuel Taxil, chanoyne en leglize cathedralle, Ant. Taxil, son frere et Blaze Francoul, merchant dudict Digne, tesmoings requis et signes quy a sceu, nayant lesdicts sieurs Gaudin et Dallieys peu signer a cauze quon noze sapprocher. Signes S. Taxil, A. Taxil, Denoize notere. (Reg. des délib. du 17 janvier 1630).

le conseil l'avait chargé, et dans la séance du 28 janvier suivant, sa députation fut confirmée de nouveau, et on le pria, en outre, attendu que la purification de la ville était complète, de poursuivre auprès du parlement la mise en quarantaine de la ville de Digne, pour qu'elle pût obtenir enfin la liberté de circulation dont elle était depuis si longtemps privée.

Le conseil revint en même temps sur les questions soulevées au précédent conseil et les recommanda expressément au député choisi.[1]

Me Chaussegros partit aussitôt pour Aix, après une quarantaine sans doute, et il s'acquitta avec un entier succès, de la mission qui lui avait été confiée. Nous ne savons pas de quelle manière il fit repousser les prétentions des anciens consuls; mais ce qu'il y a de certain, c'est qu'ils ne

---

[1] Auquel conseilh a este remonstre par lesdicts sieurs consulz et aultres quensuite du dernier conseilh nont eu a parler a M. Chaussegros sil vouloit accepter sa depputation pour aller fere le voyage vers nosseigneurs de la souvereyne cour de parlemant pour tascher davoir nouvelle quarantene et prouvoir aux arretz quy ont este donnes au nom de la comunaulte et prejudiciable à icelle.

Sur quoy a este delibere que ledict sieur Chaussegros ce portera pardevers nosseigneurs de la souvereyne cour de parlemant de ce presant pays de Prouvance pour supplyer nosdicts seigneurs de prouvoir sur le contenu du precedant conseilh tenu le dix-septiesme du courant et aultres afferes necesseres de ceste poure comunaulte (Reg. des délib. 28 janvier 1630).

reprirent pas leur charge, et que les consu.s subrogés restèrent en fonctions jusqu'à la rentrée et à la création du nouvel état.

Relativement à la demande de la quarantaine, il obtint, le 20 février 1630 un arrêt, qui mit la ville de Digne en quarantaine, et en fixa la fin au 22 du mois de mars suivant, pour compléter le délai de trente jours.

Dès qu'il eut obtenu cet arrêt qui devait combler les vœux de ses concitoyens, il s'empressa sans doute d'en transmettre la nouvelle, et revint à Digne avec un extrait dudit arrêt.

Mais à peine arrivé à Digne, on dût songer à l'exécuter. M. le conseiller de St.-Marc, avait été nommé commissaire pour donner l'entrée à la ville de Digne : il fallait lui envoyer un député, et lui présenter requête de remplir la charge qui lui avait été donnée.

Le conseil s'assembla le 2 mars : il députa de nouveau Me Jehan Chaussegros pour se rendre à Pertuis auprès du conseiller-commissaire, et poursuivre jusqu'au bout l'exécution de l'arrêt. [1]

---

[1] Auquel conseilh a este propoze par lesdicts sieurs consuls que la ville a eu quarantene de sante par arrest de nosseigneurs de la souvereyne cour du parlemant de ce pays et depute commissere pour donner lentree Mgr. le conseilher de St-Marc ; qu'il fault depputer personne expresse pour le supplyer de ce porter en ceste ville et à cest effect prouvoir aux

Il vota en même temps un emprut de 600 écus pour faire face aux dépenses que l'entrée et les autres affaires de la ville devaient occasionner. [1]

Pendant que Me Jehan Chaussegros faisait son voyage, la ville était encore en proie à des embarras difficiles à prévenir.

Le blé commençait à manquer et on craignait une disette. Le conseil en fut informé par les consuls et dut ordonner des mesures pour y pourvoir.

Par une ordonnance du 28 janvier, il commet

---

frais et despans qu'ils seront faicts par ledict seigneur conseilher et aultres pour raison de ladicte entrée, d'ailheurs qu'il fault payer la contribution de largent quy a este impozé au pays pour la despense des mulets quil fault contribuer a larmee de sa majeste, payer les deniers du roi et du pays et par ce moyen nécessite damprunter une partie pour subvenir a tout ce que dessus requerant le conseilh dy deliberer.

A este delibere par ledict conscilh que Me Chaussegros ce portera en la ville de Pertuys pour supplyer Mgr. le conseilher de St-Marc de ce porter en ceste ville pour lexecution dudict arrest (Reg. des délib. 2 mars 1630).

[1] Encore quil sera amprunte de François Jacques escuyer la somme de six cens escus tant pour satisfere aux frais de ladicte commission que aultres urgens afferes de la comunaulte, donnant charge auxdicts sieurs consulz den passer les obligations requises soit a debte à jour ou a pantion perpetuelle, et obliger les biens de ladicte comunaulte et de tous les denommes au présant conseilh et particuliers dicelle. (Reg. des délib. 2 mars 1630).

les consuls Dejanon et Besson, le sieur du Sauze,
Pierre Jacques, le chanoine Taxil, le sieur de la
Peyrière, receveur des domaines et le sieur Devalvyer, pour faire la visite et perquisition des
blés qui se trouvent dans la ville, et pour en
acheter toutes les quantités qu'il pourront en
découvrir, prélèvement fait toutefois de la pro-
vision nécessaire à chaque famille jusqu'à la
prochaine récolte.[1]

Il députe en même temps un des consuls avec
le capitaine Pierre Chaud et Esprit Alleyer, pour
qu'ils aillent à Beynes traiter avec Isnard Augier
du prix de cent charges de blé qu'il offre de céder à la commune.[2]

---

[1] Sur la propozicion faicte par lesdicts sieurs consulz que dans
la ville ny a pas de bled a suffizance pour lentretien et norriture
du public quest dans icelle, a quoy est très necessere de prouvoir pour esviter les inconveniants quils pourroint arriver.
A este delibere que les sieurs consulz de Janon et Besson ; les
sieurs du Sauze, Pierre Jacques, M. Taxil chanoyne, le sieur de
la Peyriere et M^{re}. Devalvyer feront la vizitte et la perquisition
des bleds que sont dans ceste ville et ceulx quy en auront plus
que ne leur faict de besoing pour leur norriture et de leur familhe jusques a la prochaine recolte, lesdits sieurs consulx le
prandront et leur payeront le prix courant diceluy. (Reg. des
délib. 28 janvier 1630).

[2] Et neansmoingz que ung de MM. les consulx avec cappitayne Pierre Chaud et Esprit Alleyer, escuyer, sachemincront
au lieu de Beynes, et a la Garde pour fere marche au nom de la
communaulte avec Isnard Augier de cent charges bled au meil-

Le conseil revient ensuite sur la défense d'entrer dans la ville à cause de la présence de la peste dans les environs.[1]

Les consuls devront chercher également des bouchers pour assurer la consommation des habitants.[2]

Dans sa séance du 2 mars, le conseil fait un acte de charité en donnant deux écus à deux habitants qui se trouvent réduits à la plus extrême misère.[3]

Il ordonne, pour se créer quelques ressources, la vente du sel déposé dans la maison commune.[4]

---

leur prix et condicion quils adviseront pour en apres estre prouveu pour la reception dudict bled et obligations quil conviendra passer ainsin que le conseilh advisera. (Reg. des délib. 28 janvier 1630)..

[1] A este aussi delibere conformement aux precedantes deliberations que aulcunes personnes estant de presant hors dudict Digne et son terroir ne pourront entrer dans la ville attendu quil y a des lieulx sirconvoisins quy sont ampestes (Ibid.)

[2] Que les sieurs consuls prouvoyront a fere des bouchers pour une annee advenir quy commencera aux festes de Pasques prochaines, et a ces fins feront mettre a lenchere ladicte boucherye et la delivreront et passeront lacte a celluy quy en fera la condicion meilheure. (Ibid.)

[3] Quil sera donne charitablement a Anthoyne Collomp et a Balthazard Romin deux escus a chascung attendu leur grande necessite et pourrete. (Reg. des délib. 2 mars 1630.)

[4] Que la sel quy est dans la maison commune sera vandue pour subvenir aux afferes de la communaulte, sera receue des

Une question de préséance, soulevée par le
procureur du roi près le siége de Digne, qui
demande à entrer dans le conseil secret pour la
création du nouvel état, ou renouvellement des
officiers municipaux, est ajournée au temps où
la ville aura repris son ancien état.[1]

Le conseil réorganise ensuite le bureau de
santé qui avait été formé avant l'invasion de la
peste, et qui avait disparu au milieu du désordre
causé par le fléau. Il nomme membres du bureau : les consuls, le sieur de Lautaret, le chanoine Taxil, l'avocat Hesmivy, Jacques Fré-
déric, Me Charambon, le sieur de Lapeyrière,
receveur des dixmes, le capitaine Pierre Chaud,
et les autorise à délibérer et à rendre des ordonnances, pourvu que leur réunion soit composée
de la moitié au moins des membres nommés.[2]

---

mains de Andre Boyer merchant quy a les clefs de la maizou de
ville, par lesdicts sieurs consulz de Janon, François Jacques,
Bourgeois, capitayne Pierre Chaud et Sperit Arnaud. (Reg.
des délib. 2 mars 1630.)

[1] Sur la proposition faicte par M. le procureur du roi au
siege dudict Digne de arbitrer sil doibt entrer dans le conseilh
secret et creation du nouvel estat pour y operer.

A este delibere de differer dy resoldre jusques a ce que la ville
ayt libre entree estant ledict conseilh hunanimement porte de
sortir d'affere a lamiable sans atribution daulcung nouveau
droit aux parties. (Ibid.)

[2] Le conseilh a ordonne que le bureau de santé de ceste ville
sera restably et compoze icelluy dans ledict conseilh des person-

Enfin, le conseil dans sa séance du 15 mars, approuve la mise aux enchères de la boucherie. Les consuls exposent que quelques bouchers ont offert de fournir la viande de mouton à deux sous et demi la livre, et celle de bœuf, à deux sous. Le conseil décide qu'on procèdera aux enchères à des conditions moins exagérées. On laisse le prix du mouton à deux sous et demi, mais le prix du bœuf est réduit à sept liards. Les bouchers devront en outre céder toute la graisse qu'ils obtiendront au fabricant de chandelles de la ville, au prix de cinq écus les quarante kilogrammes, ou comme disaient nos pères, le quintal, et même à quatre écus et demi si la chose est possible.[1]

---

nes de MM. les consulz, des sieurs de Lautaret, le chanoyne Taxil, Hesmivy advocat, Jacques Frederic, lenquesteur Charambon, le recepveur des dixmes de Lapeyrière Pierre et capitayne Pierre Chaud, a la charge que la moitie diceulx pourront deliberer avec ledict sieur Chaussegros et que les ordonnances diceluy bureau seront executees par deux c'iceulx. (Ibid.)

[1] Auquel conseilh a este represante par lesdicts sieurs con-suls quil sest presante des bouchers pour bailher la cher a deux soulx et demi la livre du mouton et deux soulx la livre du bœuf, requerant le conseilh de deliberer voir cy on leur passera le contract à ladicte raison.

Sur quoy a este delibere par une comune voyx de fere de bouchiers et de passer contract a cellui quy se presante ou a tel aultre quil fera la condicion meilheure de la communaulte en

On nous pardonnera d'entrer dans ces minu-
tieux détails, qui, au premier abord, n'ont aucune
cune importance, mais qui servent à comprendre
la physionomie de cette époque.

On apprit bientôt que M. le conseiller de St.-
Marc approchait de Digne. Le 26 mars, on
sut son arrivée aux Mées. Le 27, il vint des-
cendre au moulin de Courbons, et procéda à
l'audition de nombreux témoins, pour constater
l'état de santé de la ville. Le soir, il se retira aux
Sièyes, où il fut retenu tout le jour par la grande
quantité de neige qui était tombée pendant la
nuit, et qui empêcha les officiers royaux et les
consuls de se rendre le matin auprès de lui.

Au reste, nous n'essayerons pas de raconter
la venue à Digne du commissaire delégué. Nous
aimons mieux transcrire en entier le procès-verbal de ses opérations, que nous avons retrouvé
dans les registres des délibérations de la commune, et qui est une pièce assez curieuse pour
trouver ici sa place, malgré sa longueur.

---

bailhant la cher de mouton durant toute l'annec et mesme durant le temps de caresme a deux soulx et demi la livre et a sept
liards la livre de bœuf, a condicion quil sera tenu expedier
toute la graisse quil fera au chandelier de la communaulte a
raison de cinq escus le quintal cy on ne peult obtenir quil le
laisse a quatre escus et demy. (Reg. des délib. 15 mars 1630.)

PROCÈS-VERBAL

DRESSÉ PAR M. LE CONSEILLER DE SAINT-MARC.

Scavoir faisons Nous François de St-Marc, conseilher du roy en sa cour de parlement de Provence,
que par arrest de la cour en la chambre establie a la
ville de Pertuys a cause de la malladye contagieuse
dont la ville d'Aix se trouve affligee, du vingtiesme
febvrier 1630, donne sur la requeste presentee a la
cour par les consulz et communaulte de la ville de
Digne, ladicte cour auroit mis lesdicts consulz et
communaulte manans et habitans dudict Digne en
quarantaine de sante laquelle finiroit le 22ᵉ du presant moys de mars, auquel jour lentree leur seroit
par nous donnee et qua ces fins nous acheminerions
sur les lieulx et y procederions suivant le reglement
general faict par ladicte cour et pourvoirions aux
ordres necesseres consernant ladicte sante, le tout aux
despans de ladicte communaulte , en execution
duquel arrest, a la requisition de Mᵉ Jean Chaussegros, enquesteur au siege dudict Digne, depputte
de ladicte communaulte serions cejourd'hui judy
vingt-uniesme mars 1630 partis de la ville de Pertuys
accompagne de Jean Dupuy audiencier en ladicte
cour nostre greffier et de Louys Gonde, un des
archers du prévost, et alles coucher a la ville de
Manosque et louge au lougis ou pand pour enseigne
St-Marc.

22 mars.

Du lendemain vendredy 22ᵉ dudict mois sommes
partis dudict Manosque en compagnie de Mᵉ. Jean
Lombard, advocat du roy au siege de Forcalquier

substitut de M. le procureur general du roy en la
cour lequel nous avions assigne audict jour et lieu,
et alles coucher a la ville des Mees et loge au logis
ou pend pour enseigne le Cheval Blanc

23 mars.

Du samedy 23ᵉ dudict moys aux Mees, en exccution dudict arrest, ledict Mᵉ Jehan Lombard, en
ladicte quallite nous a requis quil soit par nous som-
meremant informe sur la sante des habitans de
ladicte ville et a ces fins quil nous plaise laxer ajour-
nemant contre les consulz et deux des aparans des
villes et lieux voisins dudict Digne et en absence
desdicts consuls les consuls vieux pour estre ouys sur
la sante desdicts habitans pour ladicte informacion
faicte et a luy communiquee y conclure ce que de
raison.

Et nous conseilher et commissere avons ordonne
que les consulz des lieux de Sieyes, Champtercier,
Courbons, Thouard, Du Chaffault et du Brusquet, et
en leur absence les consulz vieux ensemble deux
des plus aparans desdictz lieux seroient adjournes
par-devant nous audict Mees et audict lougis du
Cheval Blanc, au vingt-quatriesme du courant et
aultres jours lieux et heures pour estre ouys moyenant
sermant sur la sante des habitans de ladicte ville de
Digne et a ces fins que lettres seront expediees.

Laquelle commission a este expediee a Monet
Trompet huissier en ladicte cour quy nous a aussy
accompagne pour une aultre commission.

Dudict jour ledict Mᵉ Lombard en ladicte quallite,
nous a produict les tesmoingz suivantz pour estre ouys
sur le faict de ladicte sante, qui sont :

Pierre De Villeneufve sieur Despinouse, agé de 71 ans ;

Jehan Esmiol , lieut. de juge , du lieu de Champtercier, agé de 55 ans ;

Me Melchion Tourniaire , notaire royal , du lieu de Courbons, agé denviron 30 ans ;

Laquelle information est à un cayer à part.

24 mars.

Du dimanche 24e dudict mars , jour des Rameaux, avons supercede pour nestre les tesmoingz assignes arrives en ce lieu.

25 mars.

Du 25e dudict moys, lundy, jour de lannonciation Nostre Dame , avons ouy en tesmoing sur le faict de ladicte sante , audict cayer,

Anthoine Estiblic , marchant et segond consul dudict lieu de Thoard , âgé de 55 ans.

Anthoine Giraud , mesnager , dernier consul du lieu de Thoard , àgé denviron 50 ans.

Anthoine Marrot , notere dudict lieu de Thoard , âgé de 37 ans.

Pierre de Barras , conseigneur dudict Thoard , escuyer de Mollane , age de 63 ans.

Me Esprit Aubert , notere et greffier du lieu de Champtercier, âgé de 50 ans.

Jehan Bondoul , travailleur et premier consul du lieu de Champtercier, âgé de 50 ans.

Jehan Chauvin , travailleur et consul du lieu de Champtercier, âgé de 42 ans.

Honnore Riquet Beaussier , habitant au lieu des Sieyes , âgé de 30 ans.

Mathieu Jauffret, hoste du logis des Sieyes, premier consul dudict lieu, âgé d'environ 40 ans.

Pierre Besson, mesnager et consul des Sieyes, âgé de 60 ans.

26 mars.

Du mardy, 26ᵉ dudict mois, au lieu que dessus, avons ouy en tesmoing sur le fait de ladicte sante audict cayer,

Jacques Gailhard, premier consul dudict lieu de Thoard, age de 55 ans

Jehan Gaubert, premier consul du lieu de Courbons, âgé de 72 ans,

Elzias Meynier, segond consul du lieu de Courbons, âgé de 32 ans.

Pierre Pierre Isnard, mesnager de Courbons, âgé de 34 ans.

Bernardin Nicolas, lieutenant du siege du lieu du Chaffault, agé de 55 ans.

Anthoine Augier, de Mezel, habitant au Chaffault, age de 39 ans.

Jehan Anthoine Blanc, premier consul du lieu du Chaffault, age de 60 ans.

Jacques Autric, mesnager et consul du lieu du Chaffault, âgé de 37 ans

Scipion Roit, bourgeois du lieu du Brusquet, âgé de 58 ans ou environ.

Michel Fabre, mesnager, du lieu du Brusquet, âgé de 70 ans.

Rambaud Estays, bourgeois du lieu du Brusquet, age denviron 45 ans.

27 mars.

Du mercredy, 27ᵉ dudict mois sommes partis dudict Mees et alles a la barriere du pent de Digne ou estant

ledict Me Lombard , en ladicte qualicte , nous a requis vouloir continuer nostre informacion et procéder a laudition des consulz modernes , chirurgiens ,
appoticaires, relligieux et prestres de l'Eglise cathedrale de ladicte ville et aultres quy se sont retires
dans icelles despuis deux ou trois mois en ça.

Et nous Conseilher et commissere avons ordonne
quen continuant nostre information sera par nous
procede a laudition des consulz modernes , chirurgiens, appoticaires, religieux et prestres de lEglise
cathedralle dudict Digne ensemble des principaux
de ladicte ville et aultres quy se sont retires dans
icelle despuis deux ou trois mois en ça et a ces fins
sommes entres dans ledict mollin de Courbons ou
estans avons faict venir pardevers nous et a une distance proportionnee les tesmoings suivans lesquelz
avons ouys moyenant sermant sur le faict de ladicte
sante estant audict cayer que sont :

Jehan Pierre Bertrand d'Ysoard sieur de Feyssal ,
premier consul subroge de ladicte communaulte de
la ville de Digne aage de 40 ans ou environ.

Jehan Louys de Jeannon , appoticaire et segond
consul subroge de ladicte ville , aage de 29 ans.

Andre Besson dernier consul subroge de ladicte
ville de Digne, aage denviron 60 ans.

Frere Marcial , prestre et religieux de lordre des
Recolles du couvent de ladicte ville de Digne , aage
denviron 42 ans.

Me Blaze Ausset , prevost en leglise cathedrale de
ladicte ville de Digne, aage de 70 ans.

Me Sauveur Taxil chanoine en ladicte Eglise, aage
denviron 56 ans.

Frère Allexy Michel , natif de Salon , gardien du
couvent des cordelliers dudict Digne, aage de 28 ans.

8

Mᵉ Elzias Camatte, natif du lieu de St.-Vallier, cure en lEglise cathedrale de ladicte ville de Digne, aage denviron 53 ans.

Mᵉ David de Lautaret, medecin de ladicte ville de Digne, aage denviron 38 ans.

Jehan Baptiste de Glandeves sieur du Puy-Michel, aage de 22 ans.

Mᵉ Honnore Reboul sieur de Lambert, advocat au siege de Digne, aage de 43 ans.

Anthoine Roux sieur de la Perusse, escuyer de ladicte ville de Digne, aage denviron 23 ans.

Mᵉ Michel Massue prestre du dioceze dAurans en Normandie, aage denviron 33 ans.

Tous lesquels tesmoingz nont signe leurs depositions attandu quils sortoint de ladicte ville de Digne a laquelle navons encor donne lentree les ayant nous toutes signees pour vallider et donner plus de force et dauthorite a nostre procedure et ce en presence desdicts tesmoingz.

Et ce faict attandu lheure tarde sommes partis dudict mollin de Courbons, duquel nous avons veu y faisant nostre procedure tout le peuple tant hommes que femmes et petits enfans, personnes de quallite et aultres lesquels estoient tous sortis de la ville a nostre arrivee et demeuroient tous dessus le pont ou le long de la riviere et dans les prairies pendant que nous travailhions estant tres tous en tres bonne sante leurs visages bons et assures et nayant sceu remarquer aulcuns quelque soin que y ayons aporte ny de ceulx que particulièremant avons ouïs en tesmoins quy eust visage ny marque de mallade, et nous sommes retires au lieu des Sieyes ou avons couche ayantz donne assignation au lieutenant et officiers dudict Sieyes de se rendre a nous audict lieu des Sieyes le

landemain matin 28ᵉ dudict mois pour recepvoir de
nous les ordres que jugerions estre necesseres pour
estre mieux assures de la sante de ladicte ville.

28 mars.

Auquel jour 28ᵉ a cause des grandes pluyes et
neiges lesdictz officiers ne peurent nous joindre audict Sieyes que jusques sur les trois heures appres
midy a laquelle heure M. Gaspard Castagny, lieutenant particulier, M. de Verdaches, lieutenant des
submissions et M. Estienne Aubert Jausiers, advocat
du roy audict siege estant arrives aupres de nous et
en absence de M. Charles de Tabaret sieur du Chaffault, lieutenant principal, lequel a cause du mauvais temps nestoit peu venir vers nous, avons expedié
audict Mᵉ Jausiers, advocat du roy un extraict de
nostre ordonnance, la teneur de laquelle s'ensuit :
Nous conseiller et commissaire suivant la deliberation faicte par la cour du vingtiesme de ce mois
avons enjoinct et enjougnons aux officiers du siege
et ressort de la ville de Digne entrer dans icelle y
fere et exercer la fonction de leurs charges pour en
appres nous informer de leur propre bouche de
lestat et sante de ladicte ville et nous advertir au
vray de tous les ordres quon y aura observe despuis
lestablissement de leurs quarantaines tant pour la
puriffication dicelle des maisons particulieres et meubles que y sont dedans ouverture des secretes, que
des malladies et morts que y sont arrivees et la quallite dicelles despuis le temps des quarantaines donnees et ce suivant la perquisition et recherche qui
en pourra le plus exactement estre faicte tant pour
la plus grande assurance de ladicte ville et aultres
lieux de ce ressort que generalement de toute la pro=

,vince, pour ce faict et ouy le raport que nous sera faict par lesdictz officiers de tout ce que dessus estre par nous, pourveu a lentree de ladicte ville et habitans dicelle conformemant aux arrest et reglemantz de la cour.

Et ce faict avons enjoinct audict Me Jausiers estant dans la ville de Digne denvoyer querir ledict Me de Tabaret, lieutenant principal, pour mettre en execution nostre dicte ordonnance par tout demain 29 dudict moys, comme aussy luy avons remis le denombrement des habitans de ladicte ville quy feust faict lhors de lestablissemant desdictes quarantaines pour proceder ensemblement avec lesdicts officiers a la verification dicelluy et nous dire la verite sy le nombre des personnes contenues audict denombrement y est conforme dresser verbal de tout ce que dessus ensemblement des personnes quy manqueront dans ladicte ville dudict denombrement soit par mort malladye ou absance, nous en exprimer les causes particulieres, pour en appres procedant nous a lentree desdits habitans en entrant dans ladicte ville le trantiesme du presant moys jour du samedy sainct, sil plaict a Dieu, nous puissions verifier le contenu audict verbal et entrer dans ladicte ville avec plus dassurance et ensuite de ce les susdictz officiers se sont retires dans ladicte ville de Digne nous ayant ledict Jausiers dict quil satisferoit a nos ordonnances.

29 mars.

Et advenant le vendredy sainct 29^e dudict mois sur les cinq heures du soir sont venus audict lieu des Sieyes ledict Me de Thabaret, lieutenant principal, Castagny, lieutenant particulier, et Jausiers, advo-

cat du roi, nous advertir comme ilz avoint entieremant satisffaict a nostre dicte ordonnance tant pour
la puriffication de ladicte ville eglizes maisons particulieres, meubles, ouvertures des *secrettes* ayant
pour raison de ce faict une sommaire information,
laquelle nous ont remise a laquelle il resulte de la
bonne et parfaite sante quy est dans ladicte ville,
comme aussy ils ont remis un verbal contenant la
veriffication des personnes quy sont contenues au
desnombremant par lequel il appert ny manquer que
dix ou douze hommes que sont a la guerre despuis
un mois ou deux ainsy que les cousulz leur ont as-
sure, et trois ou quatre personnes mortes de malladie
ordinaire ainsy que a appareu de raportz faictz par
les medecins, et nayant peu nous proceder audict
denombremant a cause de la grande quantite de
neige quil treuva et que dailleurs lesdictz officiers
avoient cougnaissance particuliere des personnes
contenues auxdictz denombremants, et ce faict lesdictz de Tabaret, Castagny et Jausiers se sont retires
en ladicte ville a Digne et luy avons donne assignation a demain trantiesme de ce moys jour de samedy
sainct a huit heures de matin de se treuver audict
lieu des Sieyes pour nous accompaigner en ladicte
ville de Digne dans laquelle nous fesions estat dentrer pour proceder a lentiere execution de l'arrest de
nostre commission dudict jour 20e febvrier 1630.

30 mars.

Et du landemain jour de samedy saint sommes
partis a huit heures de matin du lieu des Sieyes en
compagnye de Me Jean Lombard, substitut de M. le
procureur general du roy, de Jean Dupuy nostre
greffier, Me Jean Gaudin, advocat au Siege de Digne,

Trompet, huissier en la cour, Pierre Darbes audiencier criminel et deux des archers du prevost pour
aller en la ville de Digne y donner libre entree aux
habitans dicelle suivant larrest, et a un quart de
lieue dudict Sieyes et tout contre la ville de Digne
auons heu en rencontre tous les officiers dudict siege,
consulx et principaux habitans de ladicte ville, lesquels navoint sceu partir plustot pour nous venir treuver a cause de la quantite de nege quil treuveraient
et encores parce que nous avions devance lheure de
ladicte assignation et de ceste facon sommes entres
dans ladicte ville avec un grand esplaudissement et
contentement de tout le peuple, et sommes alle des-
sandre a la maison dudict M. de Thabaret, et une
heure appres en compagnye desdictz officiers consulx
et principaux de ladicte ville sommes alles a lEglise
cathedralle de ladicte ville pour ouyr loffice et faire
chanter un *Te Deum laudamus* et rendre graces a
Dieu de lentree et sante de ladicte ville, et en appres
nous sommes retires en la maison dudict sieur de
Thabaret pour y disner, et incontinant appres disner
sont comparus par-devant nous, Jean Pierre Bertrand
Isoard sieur de Feyssal, Jean Louys de Jeanon appoticaire et Andre Besson, consulz subroges en ladicte
ville de Digne pendant la malladie contagieuse et
aultres principaux, lesquels nous ont requis en presence dudict Me Lombard substitut dudict sieur
procureur general du roy, quattandu que la sante
est tres bonne despuis six a sept mois dans ladicte
ville et que nous y sommes entres quils nous pleust
mettre ledict arrest en entiere execution et a ces fins
quil soit permis aux habitans dudict Digne de sortir
de ladicte ville aller librement frequenter et comer-
cer par toutes les villes et lieux sains de la province

en rapportant bonnes billettes de sante avec deffances de les empescher ny reffuser a peyne de dix mil livres despans domaiges et interestz.

Ledict Me Lombard en ladicte quallite a requis que conformemant a larrest de nostre commission libre entree et comerce soient donnes aux consulz manans et habitans dudict Digne pour toutes les villes et lieulx de la province, raportant bonnes billettes de sante avec deffances a tous quil appartiendra de les empescher a peyne de dix mil livres despans domages et interest audicts habitans et qu'il soit informe contre les contrevenantz; neanlmoingz quil soit enjoinct aux consulz dudict Digne de faire garder et observer les arrestz et reglemantz de la cour en ce quy est du negoce et trafiq des marchandises a peyne de dix mil livres damande et de respondre en leurs propres des inconvenians que pourroint arriver et quil soit enjouinct aux officiers dy tenir la main et en advertir la cour sus les mesmes peynes.

Et nous conseilher et commissaire avons ordonne que libre entree et comerce seront donnes aux consulz manantz et habitans de ladicte ville de Digne par touttes les villes et lieux de la province en raportant bonnes billettes de sante de ladicte ville, avons faict inhibitions et deffances aux consulz et administrateurs des villes et lieux du despartement de la cour dy refuser ny empescher lentree et comerce dans icelles a peyne de dix mil livres damande despans domaiges et interestz desdicts habitans et sera informe contre les contrevenantz par le premier juge royal ou huissier de la cour, et neanlmoingz avons enjoinct et enjoignons aux consulz de la ville de Digne de faire garder et observer les arrests et reglemantz de la cour en ce quy est du negoce et

traffiq des marchandises a peyne de dix mil livres
damande en leur propre sans se pouvoir rejeter sur
le corps de la communaulte et de respondre de tous
les inconveniantz quy en pourroient arriver et enjoint
aux officiers dy tenir la main et en advertir la cour
sur les mesmes peynes, et sera la presante ordonnance leue et publiee a son de trompe et cry public
par tous les lieux et carrefours de ceste ville de Digne
accoustumes.

31 mars.

Du landemain dernier dudict mois de mars, jour
de Pasques, audict Digne et dans la maison dudict
sieur lieutenant sur les quatre heures appres midy,
venant nous douir vespres, lesdicts consulz subroges
accompagnes de Me Jean Boyer segond consul de
ladicte ville quy estoit sorty pendant ladicte malladie
contagieuse nous auroient remontre que par arrest de
ladicte cour donne a leur requête du dix-huict du
mois de mars, auroit este par nous ordonne quil
serait par nous procede a la creation du nouveau
estat de ladicte ville de Digne suivant le reglemant
de ladicte communaulte le vingt-cinquiesme dudict
presant mois de mars ou a tel autre jour quil seroit
pas nous advize avec deffance auxdicts consulx administrateurs et conseilhers de la maison commune
de ladicte ville de proceder a ladicte creation par
devant aultre que pardevant nous a peyne de dix
mil livres et nullite de procedure, nous requerant
que conformemant audict arrest il nous plaise vouloir proceder a ladicte creation du nouvel estat a
demain premier jour du moys dapvril ou tel autre
jour que nous advizerons, puisque navons peu proceder a icelle le vingt-cinquiesme de ce mois auquel
temps ladicte ville estoit encore dans linterdiction.

Et nous conseilher et commyssaire avons ordonne que sera par nous procede a la creation du nouvel estat a demain lundy premier jour du mois dapvril, jour et feste de St-Etienne, et a ces fins avons enjoint auxdicts consulz de nous remettre le reglemant de ladicte communaulte ensemble le roole du conseilh particulier et general pour voir ceulx quy sont mortz pendant la malladie afin que procedions a la subrogation diceux.

En execution de quoy lesdits consulz nous ont remis ledict reglemant et avons treuve le conseilh particulier de ladicte maison commune estre compose de quinze comprins les trois consulz lesquels sont ceux quy font la premiere nomination de trois premiers consulz, trois segonds et trois derniers et trois trezoriers, et le conseil general est compoze de quarante-huict, lesquels choisissent un des trois premiers, des segonds et des derniers et un des trezoriers suivant la pleuralite des opinions.

1er avril.

Du lendemain matin premier avril mil six cens trante, jour de St-Estienne sommes alles a la grand Eglise en compagnie desdicts consulz subroges, dudict Me Jean Boyer consul et plusieurs apparans de ladicte ville ou avons faict dire une messe du Saint-Esprit a la maniere accoustumee, et appres sommes alles a la maison du roy pour proceder a ladicte creation du nouvel estat, et avons treuve que au conseilh particulier ny avoit de vivantz que

1. Me Jehan Boyer, consul,
2. Me Jehan Chaussegros, procureur,
3. Robert Bernard.
4. Me Jacques Rochebrun, procureur.

5. Blaze Franque.

6. M⁰ Jehan de Valluys, notaire.

Et nous conseilher et commyssaire avons subroge a la place des morts et dudict Rochebrun absent pour faire le nombre entier de quinze :

1. Jehan Bertrand Isoard sieur de Feyssal.
2. Jehan Louys de Jeannon.
3. Andre Besson.
4. M⁰ David de Lautharet, médecin.
5. Louys Aubert Jausiers sieur du Castellar.
6. Pierre Chaud.
7. M⁰ Jean Roux, recepveur des décimes.
8. M⁰ Honnore Amoreux, procureur.
9. Anthoine Taxil.
10. M⁰ Honnore Reboul, sⁱ de Lambert, advocat.

Et du conseilh general avons treuve ny avoir que de vivants :

1. M⁰ Jean Deaudet, procureur.
2. Anthonio Fabre.
3. M⁰ Phelip Mouret, notere.
4. Jehan Chaussegros sieur de La Tour.
5. Louis Amalric.
6. M⁰ Honnore Reboul sⁱ de Lambert, advocat.
7. M⁰ Honnore Amoreux, procureur.
8. M⁰ Jean Roux, recepveur.
9. Barthelemy Autard.
10. M⁰ Anthoine Esmivy, advocat.
11. Pierre Boyer.
12. M⁰ Pierre Rode, notere.
13. Balthazar Jeauffret.

Et nous conseilher et commyssaire avons subrogé

à la place des morts et desdicts Rode et Mouret absents pour faire le nombre entier de quarante-huict:

1. Mᵉ Jehan Roux advocat de Colmars.
2. Esperit Arnaud.
3. Francoys, de Jacques.
4. Anthonio Taxil.
5. Jacques Codur.
6. Jeannet Laugier.
7. Jean Seignoret.
8. Le sieur de la Peyriere.
9. Estienne Hellié.
10. M. Hesmiol.
11. Scipion Gaudemar.
12. M. Allayer.
13. Louys Buisson.
14. Bernardin Bassac.
15. Joseph Ferriol.
16. Mᵉ Jean Chaussegros, procureur.
17. Louis Auber Jausiers sieur du Castelar
18. Jehan Orslier.
19. M. Bernard, medecin.
20. M. Frediere, advocat.
21. Mᵉ Jean de Valluys, notere.
22. M. David de Lautaret, medecin.
23. Manuel Lombard.
24. Jehan Laugier.
25. Anthoine Fabre.
26. Andre Delard.
27. Jean Bartel.
28. Pierre Canton.
29. Mᵉ Charambon, advocat.
30. Melchion Bertrand.
31. Nicolas Caire.
32. Pierre Collomp.

33. Anthoine Feriere, cardeur.
34. Jean Gilly.
35. Guilhaumes Alphant.
36. Dominique Aymar.
37. Louis Gay.

Et ce faict avons faict assembler dans la maison du roy tous les susnommes et nous sommes retires dans une chambre avec ceux du conseilh particulier que sont en nombre de quinse pour estre par eux procédé a la nomination de ceux quy doibvent estre ballotes suivant le reglement, auxquels avons donne le sermant en tel cas requis.

(Suivent ensuite les trois candidats pour chacune des places de premier, second, tiers consul et trésorier, désignés par les 15 membres du conseil particulier.—On procède immédiatement au résultat de ce premier choix qui ne se faict pas au scrutin secret, mais pour lequel chaque membre écrit la liste de ses candidats quil signe de son nom).

Se treuvant par ce moïen que ceux quy doibvent estre ballottes pour premier consul tant par le conseilh particulier que du general compoze de quarante-huict sont :

M⁰ Jean Chanssegros, procureur.
M⁰ David de Lautaret, medecin.
M⁰ Honnore Reboul sieur de Lambert, advocat.

Et pour segond consul :

Pierre Chaud,
M⁰ Honnore Amoreux, procureur.
M⁰ Jean Roux, recepveur des dixmes.

Et pour dernier consul :

Balthasar Geoffret.

Esperit Arnaud.
Anthoine Taxil.

Et pour trezorier :

Andre Boyer.
Jean Gilles.
Manuel Lombard.

Et ce faict avons faict entrer dans ladicte chambre
tous ceux du conseilh general en nombre de quarante
huict, ausquels avons faict entendre ce que dessus
et donne le sermant en tel cas requis.

Et par la pleuralite des oppinions sont este crees
consulx , savoir :

Pour premier

Mᵉ Jehan Chaussegros, procureur.

Pour segond.

Pierre Chaud.

Pour dernier

Balthazar Geoffret.

Et pour trésorier

Andre Boyer

Ausquels avons en mesme temps faict prester le
sermant en tel cas requis et les avons mis en possession.

Et tout incontinant ledict conseilh general et particulier ont esleu pour extimateurs :

Mᵉ Jean Boyer, recepveur
Jean Louys de Jeannon.

Andre Besson.
Robert Bernard.

Comme aussy par la pluralite des oppinions sont este eslus pour advocat Me de Barras; pour procureur, Me Deaudet; et pour greffier, Me Denoise.

Et nous conseilher et commyssaire avons ordonné que les aultres officiers dudict nouvel estat seront faictz par le premier conseilh que se tiendra, et nous sommes retires.

Signé F. de St-Marc.

TROISIÈME PARTIE.

C'est le samedi, 30 de mars, la veille du jour de Pâques, dans la matinée, que la ville de Digne fut rendue à la circulation , et que M. le conseiller de Saint-Marc y fit son entrée escorté de tous les officiers royaux , de tous les consuls , de tous les membres du conseil , et suivi d'une immense partie de la population qui poussait des vivats d'allégresse, et faisait entendre de vifs et bruyants applaudissements.

Le sol était ce jour là couvert de neige, ce qui n'empêcha pas cependant uue manifestation dont le procès-verbal de M. le conseiller de Saint-Marc lui-même constate l'enthousiasme.

M. de Saint-Marc descendit chez le lieutenant Tabaret , que nous retrouvons à son poste , et de là se rendit à l'église de Saint-Jérôme, où au milieu d'un grand concours d'habitants , on chanta un *Te-Deum* solennel.

Le lendemain eut lieu , ce qu'on appelait alors

la création du nouvel état. C'était l'élection annuelle des officiers municipaux. Cette élection se
fit en présence et sous la présidence de M. de
Saint-Marc. Me Jehan Chaussegros, fut nommé
premier consul ; Pierre Chaud, second consul ;
et Balthazar Jauffret, tiers consul.

Les nouveaux consuls à peine installés, voulurent témoigner à l'envoyé du parlement toute
leur joie et toute leur reconnaissance, et lui offrirent quelques objets qui devaient lui faire supporter avec plus de patience la sévère frugalité
de la table dans nos rudes montagnes.

On lui donna un énorme fromage et du vin du
cru. On accompagna ce don un peu rustique de
deux magnifiques chapons et de six paires de
perdrix.

Ces présents furent renouvelés avant son départ, et comme les comptes du trésorier sont
d'une précision et d'une exactitude qui ne laisse
rien à désirer, nous pouvons dire que la seconde
fois, le don fut plus copieux que la première.
Outre une nouvelle quantité de vin, et divers
autres objets de minime importance, on lui
donna encore deux chapons, neuf perdrix, et
deux levrauts, de la chair la plus tendre et la
plus délicate.[1]

---

[1] Le conseilh a appreuve et ratiffie les presantz quy ont este
faitz audict seigneur conseilher de Saint Marc tant par MM. les

Le conseil qui fut assemblé le 4 avril, approuva la dépense faite pour de pareilles largesses. Nous ne savons pas cependant si ses membres n'en eurent pas plus tard du regret ; car M. de Saint-Marc refusa de consigner dans son procès-verbal une protestation légitime, faite par eux deux jours plus tard.

Ce qui donna lieu à cette protestation, ce furent les demandes de nombreux créanciers de la commune, qui assignèrent les Consuls devant M. de Saint-Marc pour réclamer le montant des vacations qu'ils prétendaient leur être dues pour la garde de la ville.

Le conseil, réuni le 6 avril, fut d'avis de s'opposer à une semblable demande, délégua le consul Chaussegros pour comparaître sur l'assignation et lui dicta la réponse que nous reproduisons textuellement :

Sur quoy a este dellibere quon se presantera a lassignation et fera la responce suivante :
Les consuls de ladite ville de Digne ont dict que nont aulcun intherest en la taxe quon porsuit parceque elle ne touche ny regarde ladite ville laquelle

---

consuls vieulx que nouveaulx que sont six paires de perdrix et deux chappons, deux fromages et du vin, d'une part ; neuf perdrix, deux levrauts, deux chappons et aultres petites chozes ensemble du vin forny par ledict sieur de Lautaret. (Délib. du cons. du 4 avril 1630).

9

ny doibt contribuer ung seul liard, daultant quaiant este affligee de peste, au lieu de recevoir secours et adcistance, il sont estes bloques et assieges dans leur ville jusques a deux cens pas de leurs portes par des gens de guerre quon y a loges, comandes par leurs intandans, lesquels les ont empesches de sortir et prandre quarantaine dans les biens et proprietes qui possedent aux terroirs voisins que sont jougnants et atenans le terroir de ladite ville, les aians tenus si serres et constrainctz, que dans moingz de quarante jours y est mort plus de huict mil personnes, et de plus ils ont perdu les fruictz de leurs biens questoient pendans faulte dadcistance, ce que ne leur seroit arrive sy on leur heusse donne ce terroir pour s'y louger et moien de tresport tellemant que ces gardes ne leur aiant cause que des pertes et dommaiges irreparables sensuit qui nen doibvent entrer sauf correction au paiemant dicellui de leurs intandans ni aux aultres puis que ladite garde ne revient pas a leur profict mais bien a leur dommaige et toutalle perte, aussy nen na pas este mize pour garder ceulx de la ville mais bien ceulx habitans aux lieux voizins et de toute la province, affin que le mal ne se communiqua; que sy ceulx la se sont volleus conserver, ils en doibvent suporter la despance et non pas ceste poure et desoulee ville, laquelle se treuvant comme deserte par la perte de la plus grand partye de ses habitans ne doit pour surcroît de ses maux soffrir la perte du peu de biens que leur restent.

Ce quilz ont dict sans aprobation de toutes les procedures faictes contre eulx et principallemant de celles de monseigneur le conseilher d'Agut dont ilz protestent et sen prouvoiront en tams et lieu.

Cette protestation était l'expression énergique des sentiments qui émouvaient nos pères à cette époque, à la seule pensée de l'affreux malheur qui s'était apesanti sur leur pauvre cité, ils songeaient avec indignation à la conduite qu'on avait tenue contre ses infortunés habitants : au lieu de leur permettre de se retirer dans leurs maisons de campagne, qu'ils possédaient presque tous dans les territoires des communes voisines de Digne, à cause du peu d'étendue de son territoire particulier, on les avait brutalement cernés, et impitoyablement contraints à rester entre leurs murs étroits et malsains sous le coup d'un fléau épouvantable.

Aussi M. le conseiller de Saint-Marc, ne voulut pas faire droit à la réquisition du consul Chaussegros. Il ne voulut pas consigner dans son rapport qui devait passer sous les yeux du parlement, une récrimination aussi fondée et qui l'eût frappé au cœur; car, il faut bien le dire, ce fut le parlement, qui fit à lui seul tout le mal, par le système déplorable qu'il adopta. Loin de notre pensée de médire de cette magnifique institution qui a fait la gloire de notre Provence, mais à cette époque, elle fut prise d'une sorte de vertige, elle se sépara en deux chambres, dont l'une se retira à Pertuis et l'autre à Salon, d'où elles se firent une guerre déplorable de coterie et de parti.

Cette protestation confirme encore ce que nous disait Gassendi, dans sa notice sur l'église de Digne, et que nous avions de la peine à nous persuader, que la ville de Digne avait à cette époque dix mille âmes de population sur lesquelles il en périt huit mille.

On comprendra sans peine dans quelle triste situation notre cité devait se trouver après un aussi grand désastre. Tous les services publics étaient complètement suspendus et anéantis, la police avait cessé de se faire, la comptabilité n'avait plus personne pour tenir en règle les affaires de la commune, toutes les ressources étaient à peu près épuisées. Quelques hommes dévoués s'étaient bien efforcés d'amoindrir les conséquences d'un pareil état de choses, mais la situation exceptionnelle que la rigidité des mesures prises par l'autorité avait faite, n'en était pas moins déplorable. Il fallut une grande énergie, et une activité sans exemple, le tout fortifié par un patriotisme intelligent, pour remettre les choses dans leur état normal. Ce fut la tâche remplie par les consuls qui avaient été nommés, et surtout par le premier consul, l'avocat Chaussegros. Cet homme d'une vaste intelligence et d'une ardeur admirable, ne perdit pas courage, et se mit à l'œuvre sans hésitation, en redonnant à tous ses concitoyens abattus le courage et l'espoir d'un meilleur avenir.

Il s'empressa de faire un relevé des besoins les plus urgents, et convoqua pour le 14 avril un conseil général, dans lequel il voulut faire approuver les nombreuses mesures qu'il avait à proposer.

Ce conseil du 14 avril peint trop bien la situation de la ville, pour n'être pas reproduit entier. Il fera connaître, mieux que nous ne pourrions le faire nous-mêmes les embarras de nos pères en ce moment.

Conseil général du 14 avril 1630.

Du quatorze avril mil six cents trante du matin en la ville de Digne, dans la maison du roi par-devant Monsieur Messire Gaspard Castagny, conseilher du roi, lieutenant particulier, assesseur civil et criminel au siege et ressort de ladicte ville,

Le conseilh general de la communaulte dudit Digne a este assamble et couvoque a voye de trompe et cry public a la maniesre accoustumee,

Auquel sont estes presants :

M⁰ Jan Chaussegros, enquesteur pour le roi audit siege premier consul, tenant le baston du roi en main en absance du sieur viguier en chef; cappitayne Pierre Chaud et Balthazard Geoffroy, segond et troisiesme consulz; Jan Louys Dejanon et Andre Besson consulz vieulx; Mᵉ Honnore Reboul sieur de Lambert, advocat; Louys Aubert Jausiers sieur du Castelard; cappitayne Scipion Gaudemard; Mᵉ Clement Reboul, procureur; Jan Chaussegros, sieur de Latour; Barthellemi Autard, sieur de la Javye; Anthoine Taxil; Mᵉ Manuel Lombard; Dominique

Eymar ; Louys Seguret ; Estienne Lantelme ; Joseph
Ferriol ; Bernardin Bassac ; Louys Gai ; Me Guil-
heaume Belletrux ; Jan Gilli ; Jan Aubert ; Pierre
Canton ; Anthoine Fabri ; Mathieu Rougon ; Jean
Honnore Bassac ; Jean Bartel ; Durant Pouquet ; François Jacques ap. ; Me Jan Baptiste Charambon, advocat et enquesteur ; Anthoine Lantelme ; Me Anthoine
Hesmivi, advocat ; cappitayne Esperit Arnaud ; Pey-
ron Baudoin ; Honnore Meynier ; Blaze Francoul ;
Jan Reynaudin ; Georges Royt ; Me Pierre de Barras,
advocat de ladite communaulte ; Me Andre Boyer,
tresorier moderne de ladite communaulte , tous particuliers conseilhers dudit conseilh ou subroges au
lieu et place des absans.

Auquel conseilh a este propoze par ledit sieur
Chaussegros premier consul que les mizeres et cala-
mittes dont ceste pauvre ville de Digne a este afligee
au moyen de la maladye contagieuze laquelle a cesse
de present par la grace de Dieu ont mis en tel desordre la police et les regles quon y avoit auparavant
gardees quil est necessere de les restablir. Car le college auquel la jeunesse estoit instruyte cesse tout a
faict ; les fonteines sont rompues et sans conducteur
par le dexces de Gaspard Astoin ; les fermes finyes ,
et celles quy sont en estat ne peuvent suffire aux
occurances necesseres ; les trezoriers et administrateurs des deniers publiques sont mortz ; la ville euga-
gee de grandz debtes oultre lesquelles debtes le trezorier du roi et des deniers du pays demande troys
mil ou tant de livres pour arreyrages de la derniere
annee au payement desquelz on ne peult subvenir
pour n'y avoir aulcungz deniers en la boursse commune ni moyen den avoir, pour nestre les rantes et
fermes dicelle restablyes. Et daultre part les intan-

dantz, soldats et commysseres qui ont bloque ceste
ville durant la peste demandent payement de leurs
prethandus salleres quoique la ville ny soyt pas tenue
y aiant de ce proces pardevant Nosseigneurs de parlement et par-devant Monsieur le conseilher de Saint-
Marc, commyssere sur ce deppute, lequel a este con-
teste apert au precedant conseilh, et y a encor beaucoup daultres demandes que plusieurs particuliers
font, ce que donne subject de convoquer ceste assamblee pour aporter sur le tout tel ordre que sera advize.

Sur quoi a este delibere en premier lieu suivant
larrest general de la cour du premier febvrier dernier deriger le bureau de sante en ceste ville conformement a icelluy ayant nomme ledit conseilh unanimement pour les apparans de ladicte ville que y doibvent adcister Mre Honnore Reboul sieur de Lambert,
advocat, et Mre Jan Roux receveur des dexcimes, et
pour les intandantz Mre Jan Baptiste Charambon,
enquesteur, et Me Anthoine Hesmivi advocat.

Plus a este delibere que pour la plus exacte garde
que ce doibt fere en ceste ville, il sera comande ung
capage aux portes de ladicte ville et que ceulx quy
seront comandes y adcistent actuellemant aux peynes
des precedants reglemants.

Plus que les portes particulieres que ce treuvent
hors la ville et par lesquelles on peult entrer et sortir
dicelle seront fermees aux despens des proprietaires,
donnant sur ce pouvoir et charge a Messieurs les
consulz de le fere fere.

Que toutes les bilhettes seront consignees ez mains
des intandantz a la garde de la porte du Pied-de-
Ville, et deffances a tous les particuliers de la ville
de louger aulcungs estrangers quy ne leur apparoice.

de ladicte consignation a peyne de punission exam-
plere.

Que les fonteines et larrolhoge de la ville seront
restablys et remis en bon estat et pour cest effect a le
conseilh donne pouvoir et charge a Messieurs les consulz prins avec eulx quatre ou cinq des plus apparants de la ville en fere les marches et donner les
prixfaictz a ceulx quy advizeront prefferant en ce les
obvriers et artisans de la ville et neanlgmoins de
payer les salleres a ceulx quy ont accomode et conduit ledit arrologe pour le passe.

Que les comptes des comptables et debiteurs de la
communaulte seront promtement ouys et examines et
a ceste fin le conseilh a comis pour auditeurs les
sieurs consulz nouveaux et avec eulx Me Honnore
Reboul , sieur de Lambert , Louys Aubert Jausiers ,
sieur de Castelard , et attandu que lesdicts comptes
sont de tres grande importance pour la ville a cause
de la multiplication dafferes et negoces quelle a heu
sur ses bras lannee derniere , ledict conseilh a unanimement resouleu que quoique par le passe on ne
nommast que deux auditeurs a present den nommer
quatre et sans consequence, ayant este encore delibere quyl sera permis a tous les particuliers de ladicte
ville de donner de memoires et instructions sans aulcung sallere, nommant pour troisiesme et quatriesme
auditeurs Me Hesmivi advocat , et cappitayne Scipion
Gaudemar.

Que toutes les reves et fermes de la communaulte
et mesmes celle dun liard par livre pour les provizions
seront mizes a lenchere a la dilligence de Messieurs
les consulz a laccoustumee.

Plus ledit conseilh a donne pouvoir et charge a
Messieurs les consulz damprunter de tels particuliers

quilz treuveront et a la melheure condition quilz
advizeront jusques a la somme de douze cens ecus
pour subvenir au payement des deniers du roi et du
pays et daultres charges et afferes urgentes de la communaulte a quoi nont aultre moyen de satisfere que
par cellui dudict emprunt donnant a ces fins le conseilh pouvoir et charge auxdicts consulz en passer
les obligations requizes et necesseres.

Quant au restablissement du college de ceste
ville attandu quil cest presente ung des peres de lora-
toyre ayant charge du corps de la congregation pour
tenir regir ledict college, a este delibere de sursoir
a lestablissement jusqua la Saint-Michel prochain et
ceppendant darreter ledict pere en ceste ville pour
entrer en exercice lannee prochaine a cest effect donnent pouvoir et charge a Messieurs les consulz de
traiter avec les peres de la dicte congregation le plus
utillement que pourra pour la communaulte et a ces
fins de poursuivre lunion de la preceptoriale de
leglize Saint-Jerosme audict college par advis et conseilh quilz prandront a cest effect au moyen duquel
procureront ladvantage de la dicte communaulte pour
le restablissement dudict college.

Plus ledict conseilh a donne pouvoir et charge a
Messieurs les consulz appelez avec eulx les auditeurs
de contes susnommes de proceder a la liquidation et
veriffication des vacations fraicz fournitures et me-
nues debtes prethandues par plusieurs des particuliers de ladicte ville a la charge quilz advertiront au
tout le conseilh particulier pour prouvoir a leur payement sil y escheoit.

Plus quon poursuivra Messieurs du chapitre de
ceste ville pour fere prouvoir de benefficiers en leur
esglize de la qualitte portee en leurs statutz et que

les annates seront employees aux repparations de leglize et que les gaiges du predicateur quon debvoit employer la presente annce seront exiges par Messieurs les consulz pour estre employes a la norriture des peres Recollets quy ont faict prescher. Les rantiers du seigneur evesque seront poursuivys den vuider les mains.

Ledict conseilh a delibere unanimement de fere distribuer une charge de bled aux peres Cordeliers pour aumosne, attandu leur hurgente necessite et sans consequence.

Plus que larrest et ordonnance rendus par M. le conseilher de Saint-Marc touchant l'ouverture et comerce de lentree de ceste ville sera mande par toutes les villes et lieulx de ce ressort et aultres de ceste province pour estre gardes selon leur forme et teneur.

Plus le conseilh a ratiflie la deliberation faicte au precedant conseilh particulier touchant laumosne qua este faicte aux peres Recoulets observantins donnant encor pouvoir a Messieurs les consulz de la continuer jusques quaultrement soit delibere.

Ledict conseilh a unanimement resoleu que Messieurs de la ville de Riez seront mandes et vizittes par deux de Messieurs les consulz quy les remerceeront tres humblemant de ce que eux seulz de tous nos voizins vindrent favorablemant offrir leur secours et adcistance a ceste ville lhors de son urgente necessitte et que les aultres villes et villages du ressort sarmoint tous les jours et sassambloint pour conjurer les ruynes et desolations quon y a veu peu de temps apres, lesquelz sieurs consulz liquideront les fraicz fournitures et vaccations desdicts sieurs consulz de Riez et se randront fassiles et comptans, leur offriront en revanche toute sorte de services apres ung monde de remerciemans quy leur feront.

Que certaine roue servant a la poudre quest au moulin du Pred de la Foire sera donnee a Jean Honore Bassac maître poudrier pour icelle servir a son mestier.

Que les lisses questoient despuis la porte du Pied de Ville jusques au Pred de la Foire seront ouvertes aux lieux les plus comodes que seront advizes par Messieurs les consulz en indamnizant les particuliers sil y eschoit.

Le conseilh a ratiffie le vœu que feust faict a Nostre Dame de Grace sur le subject de la maladye du xv julhet dernier.

Plus que les infirmyers quavoient este establys continueront et notamment le savoyard.

Que le roi sera tres humblemant suplye dexamter ceste pauvre ville du lougemant des gens de guerre pour dix ans attandu les grandes pertes et mortalittes arrives durant la contagion derniere et que la ville est quasi deserte, et a cest effect et pour obtenir la confirmation des privileges de la communaulte sera deppute en cour.

Que aulcungs nouveaux habitants ne seront receus dans ladicte ville jusques a la Saint-Michel prochain a cause des inconveniens quy en pourroient arriver et ceulx quy sont entres avet les pauvres estrangers seront introduitz en leurs villages.

Que personne ne pourra couper aulcung boys vert au boys de Feston, lequel sera veu et vizitte par Messieurs les consulz et par les extimateurs modernes que feront rapport de lestat quil ce treuve de present pour cougnestre le domaige que en sera donne a ladvenir.

A este donne pouvoir a Messieurs les consulz de traiter avec ung chandellier et passer le contract a la meilheure condition quilz pourront.

Signes Castagny lieut. Chaussegros, consul, P. Chaud. consul, Geaufroy, consul. Denoize, notaire et greffier.

Il est inutile de rien ajouter à cette délibération pour faire comprendre la situation grave et difficile dans laquelle la ville se trouvait au moment où la libre circulation fut rétablie pour elle. Le consul Chaussegros en avait la triste certitude, lorsqu'il faisait un appel au conseil général, pour mettre un terme aux misères et calamités causées par l'affreuse contagion qui venait de la désoler. Toutes les règles de police étaient abandonnées, tous les services publics étaient suspendus, les fermes qui assuraient les ressources de la ville étaient arrivées à leur terme, et n'avaient pas été renouvelées, les trésoriers et administrateurs des deniers publics avaient été frappés par le fléau ; tous ceux qui étaient redevables envers la commune étaient morts, et leurs héritiers réclamaient même des indemnités pour les pertes par eux éprouvées. D'autre part, des créanciers de toute espèce faisaient entendre leurs réclamations. Il était indispensable de les examiner, de contester celles qui n'étaient pas fondées, et de payer celles qui étaient incontes-

tables , notamment celles demandées par le trésorier du roi et du pays.

Le conseil donne aux consuls pleins pouvoirs ,
il les autorise à emprunter les sommes nécessaires , reconstitue le bureau de santé , la garde de
la ville par voie de capage , nomme des auditeurs
de compte , vote la mise aux enchères de toutes
les rêves , envoie une députation au roi pour
que la ville soit déchargée du logement des gens
de guerre pendant dix ans , et règle une foule
de détails administratifs que nous n'avons pas à
énumérer ici.

Cette délibération contient la ratification du
vœu fait par la ville le 15 juillet 1629 , dont nous
avons parlé.

Il est une autre décision de cette délibération
que nous ne devons pas laisser inaperçue. C'est
la députation de deux consuls envoyée à Riez
pour remercier les habitants de cette ville de ce
que seuls entre tous leurs voisins ils sont venus
pendant la durée du fléau dont ils ont eu tant à
souffrir, leur offrir leur assistance et leur secours,
tandis que les habitants des autres villes s'assem-
blaient et s'armaient contre eux et ont été en
grande partie la cause de la désolation dont la
ville de Digne a été le théâtre. Les députés de la
commune devront liquider les frais et fournitures
dûs à la commune de Riez , et se rendre faciles
sur le règlement d'un pareil compte. Ils devront

en outre leur offrir en retour, outre un monde
de remerciements, suivant la naïve et énergique
expression de la délibération, toute sorte de services.

Ce témoignage de reconnaissance aussi solennellement donné honore autant les habitants
de la ville de Riez que ceux de la ville de Digne.

Les consuls, après cette délibération, se mirent
immédiatement à l'œuvre, et firent preuve d'une
activité sans exemple.

C'est dans ce moment, alors que la ville, malgré ses embarras, jouissait du bonheur d'être
rendue à la liberté, qu'un incident fort bizarre
vint troubler un instant cette joie.

On sait déjà que lorsque la peste sévit à Aix,
le parlement se sépara en deux chambres, dont
l'une se retira à Pertuis et l'autre à Salon. Les
plus grandes institutions ne sont pas à l'abri des
faiblesses humaines, et cette division amena
entre les deux chambres du parlement des luttes
que nous voudrions bien effacer de l'histoire.

La ville de Digne fut une des victimes de ces
tristes querelles.

Un arrêt de la chambre de Pertuis avait mis
la ville de Digne en quarantaine et avait ordonné
qu'à partir du 20 mars elle serait rendue à la libre
circulation.

La chambre de Salon l'apprit bientôt, et pi-
quée de ce qu'on ne l'avait pas consultée, elle

rendit d'office, dans les premiers jours du mois
d'avril, un arrêt par lequel elle interdisait à tous
les habitants de la ville de Digne l'entrée de tous
les lieux de son ressort, jusqu'à ce que la communauté leur eût demandé par une députation
à cet effet expressément nommée, comme elle
l'avait fait auprès de la chambre de Pertuis, un
arrêt qui l'autorisât à établir des relations libres
avec tous les lieux de la Provence.

Cette nouvelle fut annoncée à la ville par
M. de Latour, conseiller au siége de Digne, qui
se trouvait à Pertuis, en date du 15 avril, et y
parvint le 18 du même mois.[1]

Il était inutile de résister, et le conseil ce même
jour envoya une députation vers les membres du
parlement qui tenaient leurs séances à Salon.

Cet acte de soumission satisfit les nobles membres du parlement qui s'empressèrent d'acquies-
cer à l'humble supplique qui leur était adressée.

Les consuls s'étaient empressés d'acquitter les

---

[1] A este propoze par ledict sieur Chaussegros premier consul
que le sieur de Latour conseiller au siege estant de presant en
la ville de Pertuys leur a donne advis par lettre missive du
quinziesme du courant, que Nosseigneurs de la cour de parlement de Sallon ont dellibere de reffuzer lentree a ceulx de ceste
ville dans les lieux de leur departement jusques a ce que la communaulte par depputation expresse leur aye demande lentree
tout de mesme quelle a faict a Nosseigneurs du parlement de
Pertuys. (Dél. du 18 avril 1630).

deniers du pays, que les trésoriers réclamaient impitoyablement. Ils avaient réorganisé les services les plus importants, et ils s'occupaient avec un soin extrême de régler tous les comptes de la communauté, tant ceux qu'elle avait à réclamer, que ceux qui retomberaient sur elle.

Le prêtre Massue fut appelé en plein conseil, et là, après avoir entendu ses plaintes, il fut décidé, qu'à cause des services qu'il avait réellement rendus on lui donnerait un habit complet de camelot, on ne lui réclamerait rien pour les vivres qui lui avaient été fournis pendant son séjour à Digne, depuis le 3 août jusqu'au 27 septembre. Relativement aux travaux de purification par lui faits depuis cette dernière époque, le conseil lui fixe ses journées à raison de deux écus quinze sous par jour, ce qui lui fit une somme totale de 306 écus 44 sols. On le laissa libre d'ailleurs de réclamer le prix de ses soins à ceux qui les lui devaient ou à leurs héritiers. Massue se tint pour satisfait et continua probablement sa vie de pérégrinations. [1]

---

[1] Ledict conseilh a dellibere quen consideration des services que ledict messire Massue a randus a ladicte communaulte despuis le troisiesme daoust dernier quil est entre en ladicte ville durant la contagion, ayant traicte plusieurs particuliers malades jusques au vingt-sept de septembre suivant que la maladye a entieremant sesse sera bailhe audict messire Massue ung habiet

On était arrivé vers la fin du mois d'avril. Les nombreuses sépultures qu'avait nécessitées la contagion, avaient obligé nos pères à creuser des fosses dans des lieux rapprochés de la ville, on avait même pris une partie du Pré-de-la-Foire. Un cimetière avait été établi sur les bords de la rivière des Eaux-Chaudes, en face de la platrière, dans le jardin de M. Julien des Audes, un peu en dessous du pont actuel du Pigeonnier. Un autre se trouvait tout près de l'endroit où fut bâtie à cette époque la chapelle de Saint-Sébastien, qui n'existe plus aujourd'hui, mais dont on a gardé le souvenir, et qu'on regrette en voyant aujourd'hui à sa place un triste réservoir de nos fontaines. Ces cimetières adoptés à la hâte et où les sépultures avaient été faites avec trop de précipitation se trouvaient dans un état déplorable. Les animaux domestiques les plus immondes, les bêtes fauves s'y attroupaient. Uue délibération du 21 avril ordonna qu'on ceindrait de murailles lesdits cimetières, pour empêcher les profanations dont on avait la douleur presque chaque jour d'être témoin. [1]

---

de camelot, oultre les allimans que lui sont estes fornis et prestes durant ledict temps sauf a lui ce fere payer aux particuliers quil a traictes ses travaulx et mediquemans. (ibid.)

[1] Sur la propozition faicte par ledict sieur Chaussegros premier consul que pour la sante du public et lhoneur des corps mortz

Nos pères dans un moment d'exaltation toute
religieuse votèrent l'érection de deux chapelles ,
dont une , celle de Saint-Sébastien , devait être
emplacée à l'extrémité de la rue de la Traverse ,
et l'autre sur les bords de la rivière des Eaux-
Chaudes , dédiée à Saint-Roch.[1]

Mais les nombreux embarras de cette époque
empêchèrent la ville de faire cette nouvelle dépense , et la chapelle de Saint-Sébastien seule
vint offrir aux familles un lieu saint où elles pou-

---

de la peste inumes tant au Pred de la Foire et de mons. Jehan
des Andes au cartier des Aigues-Chaudes a las gipieres fault
fermer la contenanse du lieu ou lesdicts corps sont enterres de
murailhes pour garder que les porsceaux et aultres bestes ne
descouvrent lesdicts corps.

Ledict conseilh a dellibere que lesdicts sieurs consulz feront
fermer lesdicts lieulx ou lesdicts corps sont enterres au Pred de
la Foire et au pred de Monsieur Jehan des Audes de murailhes
et de pieulx ainsy quilz advizeront et donner les prixfaictz à
ceulx que en feront la condition meilheure et dachepter dudict
Monsieur des Audes la contenance de sa terre ou lesdicts corps
sont enterres au meilheur prix que pourront. (Dél. du 21 avril
1630).

[1] Et feront bastir uune capelle a chascune part une a lhoneur
de Saint-Roch et laultre a lhoneur de Saint-Sebastien soubz le
bon plaisir du conseilh general et de Monsieur levesque dudict
Digne. (ibid).

Nous devons dire que dans le registre des délibérations le nom
de Saint-Sébastien ne se trouve que par suite d'un renvoi et
d'une rature du mot Louys , que le greffier du conseil avait
d'abord écrit.

vaient pleurer ceux qu'elles avaient si terrible-
ment perdus et prier pour le repos de leur âme.

Nous avons fait d'inutiles recherches pour
retrouver la chapelle de Saint-Roch : nous croyons
fermement qu'elle n'a jamais existé.

C'est vers cette même époque qu'on ferma pour
jamais la petite chapelle Sainte-Catherine, dont
le savant M. Bondil nous a si bien fait connaître l'emplacement. Le conseil ordonna cette fer-
meture par sa délibération du 21 avril. [1]

On arrivait au mois de mai ; mais le temps
qui s'était écoulé depuis que la ville avait recouvré la liberté, n'avait pas suffi pour ramener les
choses à leur état normal. Les embarras, au
contraire, croissaient de jour en jour.

Le consul Chaussegros avait été obligé d'aller
assister à Valensole à une assemblée des États qui
y avait été convoquée le 28 avril. [2] En revenant,
il annonça que les États avaient voté une impo-
sition extraordinaire, et que les procureurs du
pays avaient ordonné que la ville de Digne, mal-

---

[1] A este aussy dellibere que le recteur de la chapelle Sainte-
Caterine fera fermer la chapelle quest au dessous la mezon de
Reynaud Roustan et a faulte de ce fere que lesdicts sieurs consulz
le feront fere et len poursuivront comme aussy la suelhe de ladicte mezon dudict Roustan sera fermee. (Dél. du 21 avril 1630).

[2] Ledict conseilh a dellibere que ledict sieur consul Chaussegros ira audict Vallansolle adcister a l'assamblee que sy doibt
tenir le vingt-huit de ce mois (Ibid).

gré son état de détresse, recevrait un régiment qui devait y séjourner quelque temps.

Cette nouvelle causa une profonde stupeur ; il fallut songer à un emprunt nouveau, et on autorisa les consuls à contracter au nom de la ville une obligation de 4,000 fr.

On avait déjà voté une taille de 2 écus par livre, et on prit une mesure, qui devait un jour amener la ville de Digne, à abandonner ses moulins qui étaient pour elle la source de revenus abondants pour ses dépenses.

Le conseil ordonna que toutes les créances de l'hôpital Saint-Jacques seraient retirées et mises à la disposition de la ville, qui servirait à l'hôpital, une rente annuelle de la somme que lesdites créances produiraient.

Les procureurs du pays, pour aider à subvenir à la dépense que devait entraîner le logement des troupes, avaient bien accordé une somme de 5,000 francs payable par quelques villes voisines. Mais ce secours était impuissant en présence de la détresse dans laquelle se trouvait encore la cité de Digne.

Le 27 mai, un avis envoyé de Seyne, prévient les consuls que les troupes sont en marche sur Digne. Le conseil particulier est immédiatement assemblé, et on députe le consul Chaud et M. de Feyssal, vers le commandant, pour lui demander la grâce, en considération de la situation exceptionnelle de la ville, de loger une partie de ses troupes dans les villages environnants.[1]

Dans l'incertitude cependant où l'on est si une pareille faveur sera accordée, on prescrit toutes les mesures nécessaires pour se procurer une quantité de vivres suffisante.

Dans ce même conseil, on revient sur une délibération précédemment prise par laquelle le premier consul Chaussegros était député vers le roi pour obtenir une dispense du logement des troupes dans la ville pendant dix ans. Les nouveaux embarras qui surgissent rendent sa présence indispensable, et on nomme pour le remplacer un habitant de Digne, le sieur Seurre.[2]

Dès le soir les troupes faisaient leur entrée :

---

[1] A este rezolleu que le sieur consul Chaud et ledict sieur de Feyssal sen iront au rencontre desdictes troupes pour parler au chef quy les conduit luy represanter les mizeres et callamites de ceste ville et quil ny a moien que ladicte cavallerye y loge pour ny avoir dabitans et a tous cas pour le supplier de loger ladicte cavallerye ou la plupart dicelle aux villaiges voizins. (Dél. du 27 mai 1630).

[2] A encore este propoze par ledict sieur Chaussegros premier consul que par delliberation du conseil general dernierement tenu il feust depute pour sen aller vers le roi au subject de ladicte delliberation, mais estant ceste ville sur le point du logemant de gens de guerre et jugeant que le servisse a quoy sa charge loblige quil reside en ladicte ville pour y donner les ordres et adcistances necessaires a requis le conseilh de le decharger dudict voiage et de depputer ung aultre, cestant Mathieu Scurre offert de fere le voiage ce qui est adopte. (Ibid).

elles se composaient de trois compagnies de chevaux légers et d'une compagnie de carabiniers. Toutes les sollicitations avaient été inutiles. Il était impossible de résister à la force armée : on dut se résigner et les consuls furent invités par le conseil à prendre toutes les mesures possibles pour fournir les vivres et aliments. On députa le trésorier Boyer vers le parlement et les procureurs du pays pour solliciter le prompt délogement de ces troupes. [1]

Mais la tâche donnée aux consuls était à peu-près impossible. Tous leurs efforts restèrent sans résultat. Le consul Chaussegros se vit forcé le 31 mai d'assembler le conseil particulier, et de lui exposer la vérité toute entière.

Le blé, l'avoine manquaient complètement, à tel point qu'on avait été obligé d'arrêter quelques muletiers qui passaient dans le terroir et qui en étaient porteurs. [2]

---

[1] A este rezollcu den donner advis a Nosseigneurs de la cour de parlement aiant le gouvernement en main, estant Mgr. le gouverneur absant, et a Messieurs les procureurs du pays, et a cest effect ont depputé Mre Jehan Boyer recepveur particulier du domaine du roi lequel est a lheure mesme party.(Dél. du 28 mai 1630).

[2] Estant la ville tellemant surchargee dudict logemant quil ny a moien quelle le supporte pour ny avoir ny bled, ny pain, ny point davoyne ayant este constrainctz de retenir les muletiers quy passent aupres de la ville et se saizir des avoynes. (Dél. du 31 mai 1630).

Le conseil fort embarrassé prie les consuls de faire une visite à M. de Nieuville, commandant en remplacement de M. d'Arbouse, qui avait quitté Digne avec précipitation dès le lendemain de son arrivée. On lui exposera la triste situation des habitants, et on le suppliera d'envoyer trois de ses compagnies dans les principaux villages environnants.

En même temps le conseil députe Mᵉ Charambon vers Mgr. de Mont-Morenci, alors gouverneur de Provence, pour obtenir le délogement.

Tous les habitants murmuraient et les consuls avaient de la peine à les contenir lorsque fort heureusement, le 3 juin au matin, le receveur Boyer arriva d'Aix, porteur d'un arrêt du parlement qui ordonnait le délogement de Digne de trois compagnies.

Le conseil fut tout aussitôt assemblé, et le consul Chaussegros donna lecture d'un arrêt qui prescrivait à la compagnie de chevaux légers de M. de Hoquincourt, d'aller à Champtercier, à celle de chevaux légers de M. de La Fossilière, à Courbons, et à celle des carabiniers de M. Nerciny du Blot, à Marcoux. Il ne devait rester à Digne que la compagnie de chevaux légers de M. d'Arbouse.

Cet arrêt fut bientôt connu dans toute la ville et causa la joie la plus vive, celle d'un soulagement subit, alors qu'on se sent horriblement oppressé.

Le conseil, pour l'exécution de cet arrêt, ordonna au consul, de ne plus faire distribuer des vivres qu'aux hommes de la compagnie d'Arbouse.

Un second arrêt du parlement ordonna enfin le départ de toutes ces troupes, et elles quittèrent Digne, le 11 juin. Ce fut un prévôt qui apporta ce dernier arrêt, et il fallut lui payer ainsi qu'à ses deux archers une somme de 236 livres. [1]

Vers la même époque, la ville de Digne fut obligée de contribuer au transport d'une très grande quantité de blé, que le roi de France s'était procurée à Antibes et qui devait être transportée en Italie pour les besoins de l'armée française.

Les commissaires chargés d'effectuer ce transport avaient établi un de leurs bureaux à Digne, et cette ville avait été taxée par arrêt de la cour à la fourniture d'autant d'hommes et de mulets

---

[1] Sur quoy dung comun consanthemant sans contradict lassamblee a ratiffie et apreuve tout ce que a este faict par lesdicts sieurs consulz et leur ont donne charge de payer la despanse quilz ont faicte quest deux cens livres audict sieur Dalliez (prévôt) et dix-huit livres a chescung desdicts marechaulx de logis. (Cons. gen. du 16 juin 1630).

qui seraient nécessaires pour assurer le transport de 25 charges par jour de Digne à Seyne. On passait pour cela une indemnité de 2 fr. 50 c. par charge. Mais les mulets ne pouvaient pas porter facilement une pareille charge, et on fut obligé de ne faire les chargements que de 9 panaux, en réduisant l'indemnité à 2 fr. 25 c. Mais bientôt les muletiers se plaignirent de l'insuffisance de ce prix, et les consuls furent contraints, pour ne pas arrêter le transport, de leur fournir un supplément, qui ne s'éleva pas à moins de 200 écus.[1]

---

[1] Pour entretenir larmee du roy en Italie S. M. fist voiturer la quantite denviron 5,000 charges de bled quelle avoit en la ville d'Antibes ayant les commisseres sur ce deputes establi leurs bureaux a Antibou, a Saint-Vallier, Castellane, Digne, et lentrepôt et grenier à Seyne, fust ordonne par MM. les procureurs du pays que lesdictes villes et quelques lieulx de leurs vigueries quilz choisirent les plus commodes, car tous ny furent pas comprins, fourniroient le nombre des mulets quilz furent cottises avec les muletiers pour la conduite diceux ; ayant la communaulte de ceste ville este cotizee et chargee de fournir tous les jours jusques a ce que la voiture fust entierement achevee de ceste ville a Seyne, de bestailh pour porter 25 charges par jour, ainsi que resulte de lordonnance de S. M. et de larret de la cour, pour laquelle voiture feust ordonne par la cour que les muletiers auroint de ceste ville a Seyne 50 s. pour charge de l'argent que S. M. a fourni et que feust depuis reduit par les commisseres des bureaux a 45 souls et la charge a 9 panaux a cauze que les mulets ne pouvoient pas transporter la charge entiere; mais cela nestant pas suffisant pour payer entierement les sallaires et va-

Un autre embarras vint encore compliquer ce transport. La peste faisait d'énormes ravages à Seyne et dans la montagne. Le bureau de santé ordonna que les portes de la ville fussent soigneusement gardées , et les muletiers qui allaient jusqu'à Seyne ne purent plus y entrer et toute communication avec eux fut interdite au reste des habitants.[2]

C'est vers cette même époque que le conseil eut à s'occuper de la demande formée par les religieuses de la Visitation qui désiraient s'établir

---

cations des muletiers ils firent reffus de voiturer le bled a ce prix là , que feust cauze que les consuls et administrateurs de toutes les communaultes chargees de fere ladicte voiture ne vollant tumber en deshobeissance mais bien asselerer promptement en toute dilligence le service du roy auroient traicte avec les muletiers , et la plupart ont donne ung escu par charge de plus oultre et par dessus ce que le roy a fourni ; ce que ayant este reprezente au conseilh de ceste ville tenu le 16 juin 1630 feust delibere de fournir et payer aux muletiers ce que serait traicte et accorde avec eux par-dessus largent que S. M. fournissoit , ayant les sieurs consulz receu pouvoir par ladicte deliberation de traicter et en convenir avec lesdicts muletiers , en execution de quoi lesdic⸀s sieurs consulz ont faict voiturer ledict bled de ceste ville de Digne a Seyne la quantite de 309 charges, bien que la communaulte montast davantage. (Compte du trés. de 1630).

[2] La ville ayant appris que la peste était à Seyne, pour empêcher que les voituriers qui y transportaient le blé n'infectassent la ville , établit des gardes aux portes de la ville et ordonne que les muletiers n'auront pas de communication avec les habitants de la ville dans laquelle ils ne pourront entrer. (Ibid).

à Digne, et qui achetèrent du neveu de l'évêque la maison qu'il possédait rue de la Traverse et qui est aujourd'hui transformée en caserne de gendarmerie. Le conseil fut enchanté de cette proposition, cependant il n'acquiesça à cette demande qu'à la condition que les dames religieuses consentiraient à ce que leurs biens et propriétés fussent compris comme ceux des habitants dans les allivrements de la commune. [1]

Dans les premiers jours de juillet, la ville eut un moment de panique qui lui causa de nouveaux embarras. Un praticien qui habitait Digne depuis peu de temps, Anthoine Rollandi, de Saint-Vincent fut pris d'une maladie que l'on crut contagieuse. MM. Lautaret et Rippert furent appe-

---

[1] Le conseilh sur la demande de M. Albert, cure de leglize cathedrale de Digne, qui expose que les religieuses de Sainte-Marye fondees par M. levesque de Geneve, desirent fere un monastere en ceste ville, et ne demandent que consanthemant de la communaulte, sans quelle soit tenue ni obligee de presant ni a ladvenir pour quelle cauze pretexte que ce soit de leur bailher ny fournir aulcune mezon ny place pour la bastir ny aulcung jardin, rantes ny plantiers ayant elles de quoi suffizemant sentretenir et neanlmoingz quelles instruiront et enseigneront les jeunes filles sy le conseilh le treuve ainsi bon.

Le conseilh donne son consentement, mais a condition que lesdictes religieuses seront tenues de paier les tailhes des biens quelles possederont en ladicte ville, soit par heritages, donnations, acquisitions, eschanges et par tel aultre tiltre que ce soyt. (Dél. du 6 juin 1630).

lés à le visiter et firent un rapport dont les con-
clusions justifièrent les appréhensions que l'on
avait conçues.

A cette nouvelle, une terreur panique s'em-
para de tous les habitants. Ils avaient encore pré-
sentes à l'esprit toutes les misères endurées par
les malheureux qui étaient restés forcément prisonniers, et à l'aspect des nouveaux apprêts que
l'on faisait pour une infirmerie et pour la régu-
larisation d'un nouveau service de quarantaine
avec tout son lugubre cortège, la plus grande
partie s'empressa de déserter une ville qu'on
pouvait désormais considérer comme maudite,
et s'en fut répandre l'alarme, non seulement
dans les environs mais encore jusqu'à l'extrémité
de la Provence.

Le parlement ne tarda pas à en être informé,
et crut remplir un devoir commandé par l'intérêt public en ordonnant sans retard des mesures
jugées nécessaires contre la ville infectée. Un
arrêt en date du 9 juillet 1630 prononça la suspension pour dix jours de l'entrée récemment
accordée à la ville de Digne. Les consuls devront
tenir le parlement au courant des progrès de la
maladie. Et à ce sujet, M. le président d'Oppède
leur écrivit une longue lettre pour stimuler leur
zèle.

Mais dans l'intervalle, la vérité eut le temps
de se faire jour. Un médecin de Sisteron, M. Ros-

tan , se trouvait à Digne en passant. Nos consuls, préoccupés de l'idée terrible d'une nouvelle invasion , voulurent avoir son avis et le prièrent de visiter le malade , de concert avec MM. Lautaret et Rippert.

Mais cette fois le rapport fut tout différent du premier : ce n'était pas la peste , et les habitants avaient eu le tort de s'alarmer sur un premier avis donné peut-être un peu légèrement.

Quoiqu'il en fût , le mal était fait , et c'est au milieu de cette heureuse certitude qu'on avait échappé au danger , que l'arrêt du parlement vint tomber sur la ville. Toutes les assurances données par les consuls ne purent l'arrêter.

Les consuls en furent désolés ; ils firent faire un nouveau rapport et se hâtèrent de l'envoyer à Aix pour faire révoquer la suspension prononcée.[1]

---

[1] Au mois de juillet audict an 1630 , Anth. Rollandi de Saint-Vincens praticien residant en ceste ville tumba mallade de malladye suspecte et contagieuse ainssin quon disoit, de quoi MM. du bureau furent advertis et feust dellibere de le fere vizitter par les medecins, ce que feust faict par MM. de Lautaret et Rippert lesquelz par leur rapport du lendemain 4 declarerent que la malladie estait suspecte et quil estoit necessere de separer ledict Rollandi et le sortir hors de la ville , ensemble ceulx que ont frequente , ce quayant este faict et layant mis en quarentene soulz bonnes gardes , cestant rencontre en ceste ville Me Rostan Charonier , medecin de Sisteron , feust advize pour mieulx sassurer de la malladie de fere de nouveau vizitter ledict Rollandi tant par lui

Tous ces accidents qui en temps ordinaire n'auraient été que passagers et sans aucune importance, compliquaient grandement, en ce moment, la situation de la ville et accroissaient ses embarras.

---

que par lesdicts de Lautaret et Rippert ce que feust faict le 5ᵉ dudict mois de juillet ayant par leur rapport declare quil ni avoit point dapparence de peste ny malladie contagieuse et le mesme jour lesdicts MM. de Lautaret et Rippert firent encore vizitte de tous les mallades qui ce trouvaient dans la ville et par leur rapport declarerent quil ni avoit aulcune malladie contagieuse ni suspecte ; mais tout cela ne peult arrester ni empescher que les habitans de la ville allarmes du premier rapport desdicts de Lautaret et Rippert et par la grande perte quilz venoient fresche- ment de souffrir par la mortalite de sept ou huit mille personnes decedees de la peste ne sourtissent de la ville, cestoient refulgies aux terroirs voisins, dequoi lesdicts sieurs consulz donnerent advis a Nosseigneurs de la cour de parlement, leur ayant faict porter et remettre lesdicts rapports et presente requeste pour avoir libre entree par tout attendu que soubz ce pretexte on la leur refuzoit, comme aussi ilz en donnerent advis aux villes et lieulx voisins auxquels manderent la coppie desdicts rapports ; mais nonobstant tout cela la cour fist arrest le 9ᵉ du mois de juil- let, par lequel a suspendu lentree et frequentation de ladicte ville et en particulier pour dix jours et injoint aux consulz dicelle de leur donner advis du succez et suite de ladicte malla- die, de quoy Mons. d'Opede premier president en escrivit aux- dicts sieurs consulz le mesme jour loua le soin et laffection quilz avoient pour le bien et conservation de la ville et apres cela pour satisfere audict arrest lesdites sieurs consulz firent de nou- veau vizitter ledict Rollandi par Mᵉ Rippert, medecin, le 17 dudict mois, lequel fist rapport quil navoit point du succez. (Compte du trés. de 1630).

Cet état des choses dura toute l'année. Au
mois de septembre, un arrêt du parlement, en
date du 11 de ce mois, obligea de nouveau la ville
de Digne à recevoir le régiment de M. de Pilles,
qui était suivi d'un procureur du pays M. François de Borrili.

Le 19 septembre, le délai du logement fixé par
le parlement était expiré, et le conseil particulier
assemblé, sous la présidence du consul Chaussegros, apprend de lui qu'il a fait sommation au
chef du régiment logé dans la ville, d'avoir à
déloger dans le plus bref délai.

Le conseil approuve cette mesure, et ordonne
à l'unanimité de ne plus fournir d'aliments audit
régiment, s'il ne veut pas exécuter l'arrêt de la
cour auquel la ville s'est respectueusement soumise. Les consuls devront au besoin réitérer la
sommation, et protester contre tous les désordres
qui pourraient être occasionnés par suite de
l'obstination des troupes. Au besoin ils devront
recourir au lieutenant du siége pour qu'il constate tous les faits qui pourraient être utiles à la
communauté dans ses réclamations.[1]

---

[1] Le consul Chaussegros expose au conseil qu'il a fait signifier aujourd'hui au sieur de Pilles, mestre de camp du régiment
qu'il conduit, et au sieur François de Borrili, escuyer consul
d'Aix et Procureur du pays qui conduit ledict regiment, de le
fere desloger, et sous dues protestations.

Les consuls s'empressèrent de suivre la marche tracée par le conseil. Une nouvelle sommation fut signifiée au sieur de Pilles. Celui-ci leur répondit par un acte excessivement long, au dire du registre des délibérations, et déclara nettement que ne pouvant pas déloger, on eut à fournir à ses hommes les vivres et subsistances nécessaires. Il donna même à la suite de sa réponse une lettre du roi écrite à M. le président du parlement, et une autre lettre de ce magistrat qui la lui avait adressée.

Malgré tout cela, les consuls voyant que le sieur de Pilles ne voulait pas exécuter l'arrêt, s'adressèrent au procureur du pays qui se trouvait à Digne et qui devait être fort embarrassé.

Mais le commandant de Pilles, s'apercevant

A este delibere unanimement apres avoir ouy la lecture de ladicte sommation et la response dudict sieur procureur du pays, de ne fornir plus aulcungs alimans audict regiment puisque la communaute a satisfait de sa part a larrest dudict jour onzième du courant, et a ces fins ladicte sommation sera reyteree s'il se peult audict sieur procureur du pays soubs deubes protestations des desordres que ledict regiment pourroit comettre a faulte de desloger de la ville suivant ledict arrest, laquelle sommation sera aussi retyree au dict sieur de Pilles s'il ce peult et en cas de contravention audict arrest desordres et inconvenyens que sen pourroient ensuivre sera presente requeste a M. le lieutenant pour informer du tout et de dresser de valables verbaux pour pourvoir servir a ladicte communaulte ainsi et pardevant quil apartiendra. (Cons. part. du 19 septembre 1630)

qu'on faisait de la résistance, n'hésita pas à user, pour se faire obéir, de la force armée qu'il avait à sa disposition.

Il divisa son régiment en plusieurs pelotons et les établit dans les principaux quartiers de la ville pour en imposer par la crainte aux timides habitants de Digne.

Une fois décidé à employer la force, il fit saisir les consuls, et on les enferma dans la prison royale.

Les consuls protestèrent vivement. Ils requirent M. François de Borrili de leur donner acte des violences brutales dont ils étaient l'objet.

Mais il était inutile de lutter plus longtemps, et ils furent forcés de promettre la continuation des aliments réclamés si audacieusement. Ils déclarèrent qu'ils ne cédaient qu'à la force. Qu'importait à M. de Pilles, pourvu qu'on lui promît d'assurer la subsistance de ses hommes.

, Sur cette promesse, il leur fit rendre la liberté: un conseil particulier fut immédiatement assemblé, et on décida à l'unanimité que les habitants continueraient la fourniture des vivres, sous toutes les protestations déjà faites sur l'impossibilité de résister à la force, et on députa le receveur Boyer à Aix pour aller exposer à la cour les désordres dont la ville venait d'être la victime.[1]

---

[1] Auquel conseilh a este propoze par ledict sieur Chaussegros premier consul quapres la sommation mencionnee au precedant.

Le 24 septembre , le receveur Boyer rapporta
un nouvel arrêt qui ordonnait le délogement de
la compagnie du sieur de Pilles pour le 28 , et

---

conseilh le sieur de Pilles a faict une longue response tout ensuite dicelle par laquelle auroit declaire ne voulloir fere desloger son regimant de ceste ville pour aller a la Breoulle suivant
larrest de la cour attendu dict il que ledict lieu est peste. Aiant
en suite faict sommation de continuer la fourniture pour son dict
regimant jusques au nouvel ordre quil plaira a la cour mander
sur la lettre que le roi a escrite a M. le premier president et encore a luy la tenue de laquelle escrite audict sieur de Pilles il a
faicte inserer au bas de ladicte response declaration et sommation. Sur quoy , lesdicts sieurs consulz ont somme ledict sieur
procureur du pays et dabondant requis de fere circuler ledict
arrest et desloger ledict regimant. Et parce que ledict sieur de
Pilles a faict prendre les armes aux compagnies les aians dispo-
zees en corps de garde par tous les cantons de la ville, aiant ain-
sins faict saizir tous les dicts sieurs consulz prizonniers pour forcer
par ledict moien susdict les habitants de la ville a la continuation
de la fourniture desdicts vivres a cauze de quoy ils ont requis acte
audict sieur procureur du pays de la protestation par eulx faicte
comme lesdicts habitants feront lesdictes fornitures par forse et
constrainte et pour garantir leurs vies envers la violence desdicts soldats aparoissant du tout par ladicte sommation , ensuite du quoy a requis le conseilh deliberer sur ce quil faudra
faire.

Sur quoy ledict conseilh a unanimemant delibere que les habitans continueront à la fourniture des vivres pour ledict requerant
comme constraintz suivant lesdictes protestations contenues en
la dicte sommation attandu qu'ilz ne peuvent resister a la forse
et neanlmoingz pour advertir la cour de tout ce que sest passe
et poursuivre le deslogemant , ont depute le sieur recepveur
Boyer pour partir aussitot. (Délib. du 19 septembre 1630.)

qui indiquait comme communes contribuables à
la dépense de la ville de Digne , les communes
de Mezel , de Courbons , de Champtercier et de
Thoard.

Cet arrêt fut aussitôt signifié au commandant
de Pilles , et aux consuls des communes contribuables.

Le conseil n'en ordonna pas moins que l'arrêt
serait exécuté à la lettre , comme si déjà il avait
oublié la manière dont celui du 11 septembre
l'avait été.[1]

Aussi les consuls , ce jour là même , suivant
peut-être un peu trop les inspirations du conseil,
et peut-être celles de leur cœur ulcéré , ne vou-
lurent-ils pas d'abord fournir des vivres qu'en
vertu de l'arrêt , on avait fait demander aux
communes voisines et qui tardaient à arriver. Les
soldats murmuraient, ils s'étaient répandus dans
la ville et faisaient entendre des menaces qui
annonçaient de nouveaux désordres.

Les consuls se hâtèrent de convoquer une
seconde fois et tout précipitamment le conseil ,

---

[1] Le consul expose qu'un arrest du parlement ordonne que la
compagnie de M. de Pilles ne séjournera plus à Digne que jusqu'au 28 septembre courant , et que cet arrest a este signifie à
M. de Pilles, et aux consuls des lieux de Mezel, Courbons ,
Champtercier et Thoard, communes contribuables. (Cons. part.
du 24 septembre 1630.)

le conseil, et attendu qu'il n'y avait pas moyen de résister à la force, ils se firent autoriser à fournir les vivres nécessaires, sauf à les répéter plus tard des communes imposées.[1]

Le 28 septembre arriva. On espérait, ou du moins on désirait ardemment le départ de M. de Pilles et de son régiment. Mais celui-ci resta impassible, et malgré le dernier arrêt de la cour, il déclara qu'il ne partirait que le 30.

Les consuls en référèrent au conseil ; ils leur dirent que les troupes vivaient presque à discrétion et étaient d'une exigence inconcevable. Mais que faire ? Le conseil fut d'avis d'obéir.[2]

M. de Pilles partit enfin le 30, mais il ne fallut pas moins recourir à l'intervention de son sergent-major, à qui on fit accepter douze pistolles d'Espagne. C'était à cette époque, le seul moyen de rendre faciles les gens de guerre qui

---

[1] Le consul Chaussegros expose que malgré l'arrêt de la cour, et quoique les communautés contribuables n'aient encore apporté aucuns vivres, les soldats de M. de Pilles veulent constraindre de vive force les habitants à leur fournir vivres.

Le conseil, attandu qu'on ne peult resister à la force et constrainte, et pour esviter tous desordres, ordonne de fournyr comme constraints sauf de le repeter de ceulx qu'il appartiendra. (Cons. part. du 24 septembre 1630.)

[2] Le premier consul annonce que malgré l'arrest de la cour, le sieur de Pilles ne veut pas desloger jusqu'au lendemain 30, qu'il vit à discrétion dans la ville. (Con. part. du 29 septembre 1630).

n'avaient pas entièrement oublié les traditions des bandes d'aventuriers des XIIIᵉ et XIVᵉ siècles.[1]

Dans ces moments d'épreuve où la ville de Digne était obligée de courber la tête sous le joug qui lui était imposé, il se commettait un abus très-fréquent, auquel le conseil se vit forcé de remédier. Pour se soustraire à la charge du logement des troupes un grand nombre d'habitants désertaient la ville et s'enfuyaient soit dans leur maison de campagne, soit dans une commune voisine. Ils fermaient leur maison d'habition, et échappaient ainsi aux embarras qui tourmentaient tant ceux de nos pères qui ne pouvaient en faire autant.

Les consuls voulurent frapper d'une peine tous ceux qui cherchaient ainsi à éluder les obligations que leur qualité de citoyen leur imposait. Ils firent part au conseil de ce qui se passait, et ils proposèrent une mesure qui devait y remédier. Toutes les fois qu'un habitant se serait absenté dans le but d'éviter cette charge, les consuls devraient faire nourrir à leurs frais les soldats logés chez eux.

Un autre abus s'était introduit, qu'on voulut

---

[1] Le don fait au sieur de Chasteauneuf sergent major dudict regiment du sieur de Pilles quest douze pistolles d'Espagne, est apreuvé (Délib. du 6 octobre 1630).

aussi faire disparaître. Quelques habitants prenaient le parti , lorsque des soldats étaient logés chez eux , de leur offrir une somme d'argent et de les renvoyer pour qu'ils eussent à se pourvoir comme ils l'entendraient. Ce qui amenait souvent des désordres, car le militaire qui avait reçu de l'argent , le dépensait follement en excès , et puis il retombait sur les bras des consuls.

Le conseil décida qu'en pareil cas l'argent donné par les particuliers serait considéré comme non payé, et que tous les frais du logement n'en seraient pas moins à la charge de ceux qui auraient ainsi cherché à s'y soustraire , parce que cette charge devait être supportée par chaque habitant en personne. On prononça de plus une amende de trente-deux livres contre ceux qui se rendraient coupables de pareils abus, dont les deux tiers seraient versés dans la caisse de l'hôpital et l'autre tiers servirait de récompense au dénonciateur.[1]

---

[1] Attendu que beaucoup d'habitants se sont absentés de la ville pour esviter la charge du logement , et que d'autres ont composé avec les soldats logés chez eux et leur ont donné de l'argent, le conseil ordonne que tous les habitants ayant maison à Digne seraient tenus de supporter les logements suivant les billets délivrés par les consuls.

Que les absents n'en seront pas dispensés, et que s'ils ne rentrent pas dans la ville pour se soumettre à cette charge , les con-

Au milieu de tous ces embarras l'activité des consuls ne fut jamais en défaut. L'intelligence surtout du consul Chaussegros facilita souvent la solution des nombreuses difficultés qui se rencontraient. C'était un homme actif, décidé, énergique, exerçant une très-grande influence sur ses concitoyens, et il fit pendant l'année de son consulat le plus grand bien à notre malheureuse cité.

Il eut cependant à soutenir plus d'une lutte. Il avait fait une vive opposition aux consuls de 1629, qui avaient abandonné la ville au moment de la peste. C'était lui qui pendant la quarantaine de santé, s'était opposé le plus vivement à leurs prétentions de continuer quoique absents leurs fonctions de consuls, et qui était allé à Aix les combattre devant le parlement.

Aussi le consul Gaudin ne lui avait pas pardonné, et il n'est pas de récriminations qu'il ne fît entendre contre lui.

---

suls feront nourir à leurs frais dans les hôtelleries les soldats logés chez eux ;

Et quant à ceux qui ont composé avec eux, attendu que la charge a pesé sur d'autres habitants, cet argent par eux donné sera pour cette fois en pure perte pour eux et ils ne devront pas moins contribuer aux dépenses de logement, et pour l'avenir, afin de prévenir un pareil abus, ceux qui le commettront seront en outre frappés d'une amende de 32 livres, deux tiers à l'hôpital, et un tiers au dénonciateur. (Cons. part. du 24 septembre 1630).

Mc Gaudin d'un autre côté avait de nombreuses relations , il avait des amis qui prenaient sa défense , et il s'était formé un parti qui cherchait à entraver l'administration des consuls en charge et lançait contre eux les accusations les plus malveillantes.

Les choses furent poussées si loin qu'un jour en pleine place publique Me Honoré de Feyssal , qui avait été le premier consul subrogé , lorsque commença la purification de la ville , s'était permis les accusations les plus violentes contre les consuls et avait accablé d'injures le consul Chaud, dans l'exercice de ses fonctions[1]

Un rapport de ce fait excessivement grave fut présenté au conseil , qui ordonna d'informer contre ledit M. de Feyssal et de le poursuivre sans retard

Cette lutte dura jusqu'à la création du nou-

---

[1] A aussy este dellibere que au nom de la commuaulte et consulz dicelle sera informe contre Jehan-Pierre Bertrand sieur de Feissal pour injures atrosses et infamantes par luy proferees en la place publique le jour dhier apres souper contre capytaine Pierre Chaud segond consul pendant quil exercoit sa charge de consul pour le faict dicelle ensamble des menasses quil a faictes contre ledict sieur Chaud et de celles quil a faictes contre les gardes du Pied de Ville ou les bilhetes sont consignees, et a cest effect ont donne pouvoir auxdicts sieurs consulz den donner requeste et fere les poursuites necessaires. (Délib. du 12 juillet 1630).

vel état, qui se fit au milieu d'une agitation très-vive. Le consul Chaussegros fit des efforts inouis pour exclure du conseil général et du conseil particulier l'ancien consul Gaudin. Sa proposition fut même adoptée ; mais le lendemain, sur la réclamation de Me Gaudin, et par les efforts de ses amis, l'assemblée revint sur cette décision et M. Gaudin fut admis à faire partie des deux conseils. Le procès-verbal, qui devait être rédigé avec un peu de passion et qui probablement devait faire connaître les causes de cette lutte, a été mutilé, le feuillet qui le contenait a été déchiré et il n'en reste que le commencement et la fin. Ce n'est pas le temps qui a fait cette mutilation. Nous croyons plutôt qu'une fois les haines apaisées, pour ne pas laisser un souvenir éternel de ces tristes querelles, les parties intéressées dûrent faire disparaître les pages que nous ne retrouvons plus aujourd'hui.

Quoiqu'il en soit de cette lutte, le consul Chaussegros n'en était pas moins un homme remarquable. Il fut député à toutes les assemblées des états et des communautés qui se tinrent en Provence pendant son consulat. Il avait assisté au mois de mai à l'assemblée tenue à Valensole ; le 25 octobre il avait été présent à Aix. Là il s'était mis en relation avec toutes les notabilités provençales, et son opinion y exerçait une influence notable.

Député au commencement de l'année 1631, à l'assemblée qui fut convoquée à Marseille le 11 janvier et qui se tint dans l'ancienne abbaye de St.-Victor, il prit une part très-active et très-remarquable aux travaux de cette assemblée, et fut un des sept membres qui furent députés vers le roi de France, pour remédier aux maux que causaient aux populations les logements continuels des troupes.

Au moment où ces députés allaient se mettre en route pour Paris, le prince de Condé, que nos registres qualifient, *premier prince du sanc, duc d'Anghien et de Chasteau-Roux, premier duc et pair de France* vint en Provence envoyé par le roi pour transmettre ses ordres aux états généraux qu'il fit convoquer à Tarascon pour le 6 mars.

Dès qu'on sut son arrivée en Provence, une nouvelle assemblée des communautés fut tenue à Aix et une députation de douze personnes, parmi lesquelles se trouva encore désigné le consul Chaussegros fut envoyée vers le prince.

Le 6 mars notre consul assistait encore comme représentant de la ville de Digne aux états généraux qui y furent tenus, états dans lesquels le prince de Condé annonça que sur les plaintes du pays le roi avait fait retenir en Languedoc les troupes qui venaient en Provence, mais il leur déclara en même temps qu'il fallait que le pays fit des dons *notables* au roi. Les états remercièrent le prince et entrèrent en conférence avec lui. Ils offrirent un million de livres. Le prince en voulait deux : on finit par fixer le chiffre à un million cinq cents mille livres payables en quatre ans. Ces mêmes états ordonnèrent des poursuites contre les vols et pillages commis par les gens de guerre , mesure à laquelle le consul Chaussegros ne resta pas étranger.

Le 21 mars suivant les consuls nommés en 1630, après la peste, furent remplacés par Mᵉ Jean-Baptiste Faucon , sieur du Sauze , premier consul , Pierre Roddes , sieur de Barras , deuxième consul , et Antoine Taxil , marchand , troisième consul.

Quelques jours après, le 28 mars , on reçut de Paris , l'exemption accordée par le cardinal Richelieu du logement des troupes. Nous en donnons la copie :

Le cardinal de Richelieu lieutenant-general de larmee du Roy.

Nous desirans exempter de tous logementz et courses de gens de guerre la ville de Digne en Provence, a cause de la malladie contagieuse dont les habitantz de la dicte ville ont este affliges et qu'ilz ont souffert durant les guerres d'Itallie, deffandons tres expressement a tous gens de guerre tant de cheval que a pied dy loger prandre forrages ny emporter aulcune chose sy ce nest en payant sur peine de punition examplaire, laquelle ville ensamble lesdicts

habitantz nous avons mise en la protection et sauvegarde du roy et la nostre, et pour cest effect leur
avons permis et permetons par les presantes de fere
metre et appozer aux lieux et endroictz plus emi-
nentz de la dicte ville les armes et panonceaux de sa
majeste et les nostres, et où aulcung desdictz gens
de guerre seroient cy ozes denfraindre la presante
sauvegarde mandons au premier prévost au juge royal sur ce requis de se saisir des contrevenantz et
les fere punir si rigoureusement que les aultres y
prenent example.

Faict a Lyon le dixiesme jour doctobre mil six cent
trante.

Le cardinal de Richelieu ainsi signe
et plus bas :

Par mondict Seigneur.

Martin, ainsiz signe.

Scelle en marge du sceau et armes de mondict
seigneur le cardinal.

Cette exemption fit grand plaisir aux habitants
de Digne, mais elle était à peu-près sans valeur
si on n'obtenait pas une semblable exemption
du gouverneur de Provence, alors le duc de
Guise, et du prince de Condé. Aussi le conseil
s'empressa de députer vers eux le premier consul Du Sauze pour la solliciter.

Trois jours plus tard, la ville était menacée d'un
nouveau logement de gens de guerre. Une compagnie qui se trouvait à Courbons se disposait à
venir à Digne. Les consuls eurent hâte d'aller

au devant d'eux. Ils firent au capitaine un présent de 60 pistolles d'Espagne, et ils obtinrent ainsi qu'ils n'entreraient pas dans la ville. [1]

Nous arrivons à l'époque où eut lieu la seconde invasion de la peste dont parle Gassendi dans son récit. C'est encore au commencement du mois de juin de l'année 1631, que les premiers symtômes se manifestèrent, et on comprend sans peine de quelle épouvante furent frappés les habitants de notre malheureuse cité.

Dès qu'on eut la certitude que la maladie avait reparu il se fit une désertion presque générale. On redoutait l'arrêt que sans doute allait rendre le parlement de Provence, dès qu'il serait averti. On avait toujours présents à la pensée les déplorables résultats de la sequestration ordonnée en 1629, et on voulait échapper aux conséquences d'un ordre aussi cruel.

Le bureau de santé s'était assemblé le 5 juin. Il avait ordonné toutes les mesures de précaution que la prudence pouvait suggérer. On avait établi l'infirmerie au quartier des Camargues; mais c'était un endroit marécageux, humide, mal-

---

[1] Le dict conseil a delibere.... que les dicts sieurs Consulz expedieront lesdictes soixante pistolles promizes, aux sieurs Despinouze et de Montblanc pour les expedier aux chefz dudict regimant ainsin quilz verront bon estre pour le bien de ladicte communaulte, (Dél. du cons. du 3 avril 1631).

sain, dans lequel tous souffraient, et les malades
atteints de la peste, et ceux qui étaient obligés d'y
rester, pour leur donner des soins. Les médecins
notamment avaient réclamé, et le bureau de
santé émit l'avis que l'infirmerie actuelle fût
abandonnée et qu'on choisit un local plus favo-
rable.

Les consuls auraient voulu immédiatement en
référer au conseil ; mais la désertion avait été
telle dans la ville, qu'il n'y avait pas moyen de
réunir un nombre suffisant de conseillers. On
fut obligé d'envoyer des avis de convocation
dans les villages et dans les campagnes des environs, et on parvint enfin à en réunir quelques-
uns, hors la ville, au quartier de St.-Lazare,
dans un pré appartenant aux hoirs du conseiller Gaudin. [1]

Le conseil ainsi assemblé approuva toutes les
mesures prescrites par le bureau de santé, et
ordonna l'abandon de l'infirmerie des Camargues, en décidant qu'une nouvelle infirmerie serait établie dans le couvent des pères Cordeliers. [2]

---

[1] Auquel conseilh ledict sieur de Barras consul a represente
que sous les premiers axidans arrives des mallades ateints de
peste la pluspart des habitants de la ville layant abandounec
pour se refugier ailheurs ilz nont peu plustot convoquer aulcung conseil. (Délib. du 22 juin 1631).

[2] Le conseilh aprouve la deliberation du bureau de sante du

Le conseil ratifia également un traité fait par les consuls avec les médecins et les apothicaires , pour assurer le traitement des malades.[1]

Comme dans la première invasion , pour éviter que les consuls, qui étaient obsédés de supplications , ne fussent mis en contact avec des malades atteints de la peste, on leur permit d'établir près de leurs personnes , trois gardes pour les accompagner dans leurs courses de nuit, et de doubler ce nombre au besoin , en se faisant suivre en même temps du lieutenant de viguier.[2]

On les autorisa à traiter avec tous les médecins et chirurgiens qui consentiraient à se dévouer aux soins des malades.[3]

Enfin le conseil ordonna d'une manière expresse qu'on établit des gardes à toutes les portes de la ville pour ne laisser entrer aucune per-

---

cinquiesme juin dernier..... A este delibere par la pluralite des voix que linfirmerye sera changee au couvent des Cordeliers. (Ibid).

[1] Ledict conseilh aprouve les actes de convention faicts avec Messieurs de lart de medessine. (Ibid).

[2] Messieurs les consulz establyront troys hommes de garde pour la conservation de leurs personnes..... leur donnant pouvoir augmenter et doubler le nombre de ces gardes , en cas de besoing et de necessite. (Ibid).

[3] Est permis auxdicts sieurs consulz traicter avec des chirurgiens et aultres personnes quy se vouldront exposer a servir et operer les affliges dans linfirmerye et pestes ailheurs a telles conditions et prix quilz advizeront. (Ibid.)

sonne étrangère , aucun animal ni chose quelconque , jusqu'après le rétablissement de la santé.[1]

Mais les consuls n'eurent pas seulement, dans ce moment d'épouvante et de désordre , à lutter contre la terreur des habitants , et les violences de la maladie ; ils eurent d'autres embarras à supporter.

C'est au moment où la ville était de nouveau désorganisée que le trésorier royal exigeait avec une dure sévérité le payement des tailles royales et du pays. On le supplia, on lui exposa la situation, et on le pria d'accepter lui-même le pouvoir des consuls pour emprunter au nom de la ville , car ils ne pouvaient pas abandonner leur poste dans un pareil moment, et ils ne devaient guères songer à trouver de l'argent à Digne.[2]

D'un autre côté , on craignait de manquer de viande pour la consommation ; le boucher de la

---

[1] Ledict conseilh a dellibere quil ne sera introduit auscunes personnes de quel estat , quallite et condition que soyent , dans la ville et son terroir , bestailh , meubles ni ardes..... jusques a ce que la ville soit restablye et le commerze hors dinterdiction et que Dieu par sa bonte ayt retire sa main de laffliction quil nous a donne de ladicte peste. (Ibid).

[2] Sur ladvis donne par le sieur receveur Boyer il est tres necessaire dacquitter la somme de dix-huit cents livres ou environ que le sieur De Sauce escuyer d'Aix procureur du pays subroge demande a la communaulte. (Ibid).

ville ne tenait pas les engagements qu'il avait pris. Les consuls furent obligés de saisir les moutons qu'il avait chez lui et de les mettre en vente à ses frais. [1]

Cependant la peste faisait tous les jours des progrès. Vers le commencement de juillet on apprit qu'elle s'était déclarée au couvent des pères Récollets.

Les consuls se trouvèrent alors dans un grand embarras. La délibération du conseil du 22 juin, avait ordonné de transporter l'infirmerie dans le couvent des Cordeliers. Or, il y avait dans ce couvent une chapelle dans laquelle les fidèles pouvaient suivre les offices divins. L'église St.-Jérôme n'avait pas de prêtres, et d'ailleurs elle n'était pas dans ce moment propre au service des autels. Si on était obligé de fermer encore la chapelle des Récollets, il ne restait plus à Digne d'église où l'on pût célébrer le service divin.

Préoccupés de cette pensée, les consuls se hâtèrent de convoquer un conseil, qui se tint le 9 juillet sur la grande place publique du Marché.

Sur l'exposé fait par M. de Barras, premier consul, le conseil décide à l'unanimité que

---

[1] A faulte que Michel de Turriers boucher ne satisfasse au contract a luy passe, le conseilh donne pouvoir aux consulz de saizir de leur autorite le troupeau ou partie dicelluy, le faire debiter auxdepans dudict de Turriers. (Ibid).

l'église et le couvent des Pères-Observantins resteront fermés, et que les consuls y établiront des gardes, pour assurer la séparation des religieux en état de santé et de ceux atteints de la contagion. Le conseil autorise en même temps les consuls à fournir aux malades de cette communauté tous les secours dont ils pourront avoir besoin, soit en aliments, soit en remèdes. Puis, revenant sur l'ordonnance précédemment rendue, il décide que le couvent des Cordeliers ne sera pas transformé en infirmerie, que son église restera ouverte aux fidèles, et qu'en cas d'insuffisance de l'infirmerie des Camargues [1], on disposera de nouveau l'hôpital St.-Lazare. [2]

---

[1] Le quartier des Camargues n'etait autre que celui appelé aujourd'hui quartier des Epinettes. La preuve en résulte de nos anciens livres terriers dans lesquels on trouve fréquemment cette mention : Située au quartier des Camargues ou des Espinettes.

Quant au bâtiment qui, en 1631, servit d'infirmerie, nous n'avons rien découvert encore qui ait pu nous mettre sur ses traces. Le seul bâtiment de ce quartier qui nous ait paru propre à cette destination est la maison où a été établie aujourd'hui la fabrique de draps de M. Banon. Nous ne pouvons cependant rien affirmer à cet égard.

[2] Sur quoy ledict conseilh tous dung comung acord et nul contredizant a delibere que lesglize et couvant des peres observantins demeureront fermes et les religieux se contiendront dans iceluy sans en sortir, sauf de separer entre eulx les malades des

Il est intéressant, sans doute, de suivre
pas à pas toutes ces tribulations successives
qu'éprouvèrent nos pères, pendant cette seconde invasion de la peste, qui fut moins terrible et moins désastreuse que la première ;
mais nous comprenons que ces détails finissent
par devenir fatigants, aussi allons-nous désormais passer rapidement sur les faits qui nous
restent à raconter, pour arriver à la fin d'un
travail que beaucoup, peut-être, trouveront un
peu long.

A l'époque où nous sommes arrivés, on manquait à Digne de fioles, de topettes, pour nous
servir d'un mot vulgairement employé, de tous
ces ustensiles enfin si nécessaires aux malades.
Le départ d'un marchand verrier en était la
seule cause. Les consuls, après s'être fait au-

sains ou leur donner toute aide secours alimantz et medique-
mants necesseres aux despans de la communaute, y establissant
messieurs les consulz de gardes pour recevoir deux les secours
quils requerront.

Comme aussi a este delibere unanimement que en cas dinsuf-
fisance de linfirmerie de Camargues pour y contenir les pauvres
affliges de peste a ladvenir en sera augmente de lhospital Saint-
Lazare dudict Digne et les mallades yseront conduitz nonobstant
la precedante deliberation du conscilh portant de fere infirmerie
du couvant des peres Cordelhiers que sera conserve pour y fere
et entandre le service divin et esviter tous troubles inconveniantz despans dommaiges intherestz a la communaute. (Délib.
du cons. gén. du 9 juillet 1631).

toriser par le conseil, n'hésitèrent pas à faire ouvrir ses portes, et à mettre ainsi à la disposition des habitants tous les objets dont ils sentaient la privation.[1]

C'est encore pendant ce mois de juillet que notre ville fut témoin d'une scène assez étrange. Le procureur du roi, au siége de Digne, M. Moutoux, avait reçu, dans une question de préséance qui l'intéressait, une opposition de la part des consuls, qui l'avait violemment irrité. Il se répandait en menaces, et les consuls craignaient qu'il ne fût capable d'attenter à leur vie.

Ils exposèrent leurs craintes au conseil, et

---

[1] Sur ce que ledict s^r de Barras conseul a represante quil est presse par les appoticaires et aultres particuliers de la ville de fere ouvrir ia boutique du marchant verrier qui habite a la maison de Jehan Thome marchant, pour prandre des fiolles flacons et aultres ustanciles de verre quy leur sont requizes et necesseres, et quil a apris par la bouche dudict Thome que sy on lui permet dentrer dans ladicte maison il sortira de ladicte boutique ce que on luy demandera et sy treuvera necessere soubz seure garde et sans consequance.

Le conseilh a permis a MM. les Conseulx fere entrer Thome dans sa dicte maizon pour pouvoir lesdicts appoticaires et aultres particulliers prandre de sa main les ustanciles de verre quy seront necesseres en payant soulx controlle de ce quil expediera et recepvra du prix pour en fere ledict Thome compte au marchant verrier et prester le reliquat a la charge que l'expedition faicte il sortira et sans conséquance. (Ibid.)

demandèrent l'autorisation de diriger des poursuites contre lui, mais les membres les plus influents de l'assemblée intervinrent, ils firent décider qu'il serait sursis jusqu'après la cessation du fléau à de pareilles poursuites, et ils parvinrent à calmer les consuls.[1]

Cependant la peste ne discontinuait pas : le linge manquait à l'infirmerie ; il fallut s'en procurer.[2]

On nomma un surintendant de l'infirmerie pour activer la garde qui s'y faisait.[3]

On régla de nouveau le système des quarantaines, et on recommanda les plus minutieuses précautions.

On prescrivit l'ensevelissement de tous les

---

[1] Et finalement sur ce que lesdicts sieurs Consulz ont represante que M⁰ Moutoux procureur du roi au siege dudict Digne... et par animozite sans subject quil a conseu contre eulx les injurie et calomnie publiquement, les poursuit pour les asasiner avec main armée...
Ledict conseilh ont tous unanymement suplie lesdicts sieurs Conseuls de surseoir lesdictes poursuites criminelles attandu la mizerable saizon et affliction en laquelle lesdicts habitans sont... (Délib. du 9 juillet 1631).

[2] Encores a este donne pouvoir ausdits conseulz prouvoir de linges pour panser les mallades de ladicte infirmerie. (Délib. du 29 juillet 1631).

[3] Pour ce subject deputant Andre Besson pour surintendant de ladicte infirmerie, tant des mallades que soubsonnes quarantenaires. (Ibid.)

morts de peste dans le pré des Cordeliers qui
était le cimetière du couvent.[1]

Dans les derniers jours du mois de juillet,
une jeune fille mourut de la contagion au sein
de sa famille, sans que les parents eussent
averti l'autorité municipale. Lorsqu'on voulut
les envoyer en quarantaine ils refusèrent de
sortir, et alors, tant la peur était grande, on
ordonna de boucher les portes et les fenêtres
de leur maison, pour empêcher toute communication extérieure.

Une famille voisine et liée d'amitié et de
parenté avec elle, était venue prodiguer des
soins à la jeune malade. On défendit à tous
ses membres de dépasser leur porte, dont ils
furent tenus de remettre les clefs aux intendants
de la santé.[2]

---

[1] Le quarante cinquiesme article du reglemant de la cour
sera observe suivant sa forme et teneur, et les corps des mortz
pestes dans la, ville enterres au petit pre et sementery du couvent des pères Cordeliers de leur consantement. (Ibid.)

[2] La famme et familhe dAbel Andravy dont une sienne filhe
est morte ce jourdhui de peste dans sa maizon ayant tenu cache
la malladie seront sourtis de la ville et remis en quarantene et
ne voulant sortir de leur maizon les fenestres et porte dicelle
seront bouchees a plastre, comme aussi cappitaine Johannot
Laugier sa famme et familhe quont frequante la maizon et domestiques dudict Andravy son beau-frère ce contiendront dans
leur maizon sans en sortir, ny frequanter aultres personnes, re-

Le 5 août, le conseil assemblé sur la place du marché, renouvelle le vœu fait le 15 juillet 1629, et élève de nouveau des supplications et des prières vers le souverain maître. On promet solennellement de l'exécuter dès la cessation du fléau, alors que la ville aura recouvré sa libre entrée. Chacun des habitants devra tenir personnellement à son accomplissement.[1]

En même temps on prend des précautions sévères, et on fulmine des peines très fortes.

---

mettant les clefz de la porte aux intendants ou aux sieurs conseulz jusques a ce que aultremant soit ordonne aux peynes du reglemant. (Ibid).

[1] Auquel conselh le sr de Barras a represante quayant les habitans de ceste ville aux precedentes afflictions de peste faict vœu daller en pelerinage a Nostre-Dame de Grasse a Coutignac, par delliberation du bureau de sante quon fortifia par des deliberations conseilhieres, lexecution en a este negligee et voiant a present que Dieu nous a vouleu affliger de nouveau de ladicte maladie il est du debvoir et nostre religion rciterer le mesme veu avec toute ferveur et devotion pour suplier tres humblemant la bonte divine par lintercession de la tres glorieuse vierge Marie notre Dame et advocate appaiser son ire et nous regarder dœil de piete apaisant ladicte maladie et nous donner la sante paix amitie et concorde tant en general quen particulier avec toute benediction et a cest effaict incontinant apres le restablissemant du commerce que nous sera donne aydant Dieu resouldre daccomplir lesdicts veux.

Ledict conseilh dung commun accord et consantement ont rcitere ledict veu et resoleu quincontinant apres lentree de Digne recouverte chascung se mettra en debvoir dicellui accomplir et effectuer. (Délib. du cons. du 5 août 1631).

contre tous ceux qui ayant des malades dans leur maison, soit dans l'intérieur de la ville, soit dans l'étendue du territoire, refusent d'en sortir pour se mettre en quarantaine.

C'était le moment de procéder à un travail qui, à cette époque, occupait nos pères beaucoup plus qu'aujourd'hui. Le terroir de Digne était surtout complanté en pruniers, et vers le mois d'août, la plus grande partie des habitants se réunissaient par groupes de quinze à vingt personnes pour procéder à la pelure des prunes que l'on faisait sécher.

On sentit la nécessité de nommer des commissaires pour veiller à ce que le plus grand ordre régnât dans cette opération. Les groupes devaient être à distance les uns des autres, et si un cas de peste venait à se déclarer parmi les travailleurs, tout le groupe dont le malade faisait partie devait être sequestré, et pour ce cas les précautions les plus minutieuses étaient prescrites. [1]

---

[1] Le conseilh permet aux particulliers de la ville de faire peler les prunes le plus commodement quil se pourra pour conserver ceux qui travailleront, depputans Ant. Fabry et George Feraud pour veilher sur toutes les troupes desdites pelleries journellemant prandre garde que les assamblees qui ce fairont soient en distance competante pour ne se communiquer auleung mal, et si auleung si trouvoit attaint de maladie de peste ou aultre contagieuse, le blesse sera incontinant sequestre et sa

Fnfin, on songea aussi à la purification de
la ville. Le chirurgien Isnardy qui, pendant
cette seconde invasion, avait fait preuve de
zèle et d'habileté, est appelé sur la place des
herbes, et là, on traite avec lui pour qu'il se
charge de cette entreprise. Il accepte et on
convient qu'il la fera moyennant le payement
d'une somme de 200 livres, qui lui sera fait,
moitié dès que la purification sera commencée,
et moitié après son achèvement. [1]

Malgré l'offre faite par un habitant de prendre
cette opération moyennant la somme de 150
livres, le conseil, à cause de la confiance que
lui inspire M. Isnardy, maintient sa première
délibération. [2]

---

compagnie avec tout ce quil aura touche et le surplus se contiendront sans frequanter aultres personaes durant dix jours, sauf
de leur estre forni des allimants a la dilligence desdicts deputes
et aultres intendants de sante et ne pourra entrer aulcune prune
dans la ville qui nait este visitee et attestee saine. (Délib. du 5
août 1631).

[1] Et de suite le conseilh ayant faict appeler ledict M. Isnardy
vers la porte et place des herbes pour traiter du prix de la purifi_
cation , a este convenu avec lui que moyennant la somme de 200
livres ledict Isnardy a promis et promet parfumer et purifier ladicte ville. (Ibid).

[2] Ledict conseilh delibere qu'en consideration de lexperiance
et de la capacite dudict M. Isnardy, ledit Lyons sera rejete, le
marche faict avec ledict Me Isnardy est appreuve, ratifie, conforme et sera mis en exccution le plutot que faire se pourra. (Ib).

La purification commença vers le 10 août,
et dès le 12, la première somme de 100 fr.
convenue avec le chirurgien Isnardy, lui fut
comptée. [1]

Cependant deux nouveaux cas de peste s'é-
taient déclarés : l'un certifié par deux médecins,
et contesté par M. Isnardy, qui probablement
ne voulait pas être arrêté dans son entreprise
de purification[2]; l'autre, qui avait frappé
un frère Cordelier.[3] Les deux victimes furent
envoyées à l'infirmerie, et tous ceux qui avaient
subi leur contact furent mis en quarantaine.

La purification fut donc suspendue, et ce ne
fut que le 20 août que les consuls furent de
nouveau autorisés à traiter avec tous ceux qui
pourraient être nécessaires à cette grande opération, et les apothicaires Bollogne et Copi fu-

---

[1] Auquel conseilh le sr consul de Barras a represante que
suivant les precedantes deliberations portant la convantion faicte
avec M. Isnardy chirurgien, pour purifier linfection de la ville
ils lui ont expedie les cens livres dadvance a luy accordes. (Dél.
du 12 août 1631).

[2] La famme de Barthélemy Grenon aiant este visitee par
MM. Hellies et Liothard l'ont declairee pestee au moyen dung
charbon quelle a au tandon gauche du col,..... conduite a
linfirmerie M. Ysnardy chirurgien ne la vouleue recepvoir
soubstenant nestre pestee. (Délib. du 7 août 1631).

[3] Suivant laccident de peste arrive a feu Jacques Meynier au
couvant des Reverands Peres cordeliers, puisque ledict mallade
est a linfirmerye. (Délib. du 12 août 1631).

rent chargés de fournir les drogues qui devaient
y être employées.

C'est dans ce moment que le receveur Boyer
fit aux consuls un commandement pour la somme
de 1,200 écus arriérés sur les deniers du roi et
du pays.

Les consuls assemblent, le 31 août, un conseil général dans un pré situé dans le terroir de
Courbons, et on charge les consuls de constituer pour procureurs MM. du Sauze, Feyssal et
Boyer, avec pouvoir d'emprunter cette somme
aux meilleures conditions. [1]

Il paraît que la ville se trouvait en ce moment
dans un grand état de détresse, car cette délibération contient, en finissant, une protestation des
consuls, sur ce que le défaut de fonds les em-
pêche de faire face aux nécessités du moment.
Le conseil semble y pourvoir en faisant appli-
quer, aux nécessités de la ville, le surplus de
la somme empruntée, sur laquelle 1,200 livres
seulement devaient être consacrées à payer le

---

[1] Ledict conseilh et delliberants en icelluy ont donne pouvoir
aux sieurs consuls demprunter deux mil escus et constituer
leurs procureurs lesdits sieurs de Sauze, de Feyssal et Boyer
pour faire ledict emprunt de deux mil escus desquels en sera
expedie mil aux dits sieurs consuls pour subvenir aux susdites
necessités dans la ville. (Délib. du 31 août 1631).

La somme à payer au trésorier royal était de douze cents
livres.

trésorier du roi et du pays. Mais il paraît que les consuls n'en étaient pas contents et qu'ils avaient à se plaindre de la conduite méfiante du conseil à leur égard, qui n'avait pas voulu déjà faire droit à leur plainte contre le procureur du roi, ce qui les oblige à renouveler leur protestation contre lui.[1]

Le 5 septembre le chirurgien Isnardy déclare qu'il ne peut plus se charger de l'infirmerie, et les consuls sont obligés de traiter avec un autre habitant, Revest Gilly, et de le faire aux meilleures conditions.[2]

Les formalités de la purification recommencèrent le 15 septembre : on purifia d'abord les

---

[1] Les sieurs consuls ont proteste de ce que faulte de deniers ne peuvent establir des gardes et faire en plusieurs occasions le deub de leur charge, mesures envers l'infirmerie et aultres malades quarantenaires et aultres necessites dans la ville sen deschargeant et ont requis acte en forme mesmes de la protestation de se pourvoir sur les calomnies dudict procureur du roy proferees contre eulx, ainsy quil apparaîtra. (Délib. du 31 août 1631).

[2] Auquel conseilh sur la proposition que le sieur de Barras consul a faict que Me Isnardy chirurgien prenoit pour obtenir un conge desirant quicter l'infirmerie et sen aller en quarantaine. Ledict conseil tous unanimement a delibere que le conge requis par ledict Me Ysnardy lui sera octroye ; avec pouvoir à Messieurs les consulz de traiter avec Revel Gilly comme avec dict Me Ysnardy a la meilheure condition que faire se pourra pour que l'infirmerye ne soit despourvue de personnes pour adcister les mallades pestes. (Délib. du 5 septembre 1631).

maisons infectées de peste et on décida qu'après les vendanges on convoquerait une assemblée de tous les chefs de famille pour délibérer sur la question de savoir si on devait procéder ou non à une purification générale.[1]

Pour éviter toutes communications entre les habitants et ceux du dehors, on arrêta qu'elles s'ouvriraient le 1er octobre et dureraient jusqu'au 15, sous la condition que ce délai de quinze jours serait affecté, savoir : les huit premiers jours aux habitants qui avaient déserté la ville et se trouvaient dans les environs, et les autres huit jours aux habitants qui se trouvaient dans la cité.[2]

Pour hâter la purification, on fit un nouvel accord, avec un apothicaire et trois autres ha-

---

[1] La purification des maisons infectees et pestees se faira et saccommencera par tout demain et se continuera jusques aux vendanges, et les vendanges finies ensemble ladicte purification des maisons infectees et pestees on convocquera et assemblera aultre conferance generalle pour delliberer si la purification generalle se faira ou non et quel ordre fauldra y tenir. (Ibid.)

[2] Inhibitions et défenses sont faictes aux particuliers de ladicte ville quy sont dedans ycelle de commancer leur vandanges quau préalable ceulx qui sont refugies aux lieulx circonvoisins, a cause de ladicte peste, nayent faict et parfaict la leur, laquelle commanseront le premier octobre prochain et la continueront huit jours consécutivement sans divertir, lesquels huit jours finis ceulx qui sont dans la ville vaqueront librement a la leur. (Ibid.)

hitants, que le conseil ratifie le 18 septembre.
C'étaient Reybaud, Paget et Lyons.

On nomma pour intendant Monnet Desdier,
qui fut chargé de leur procurer tout le parfum qui serait nécessaire, et pour contrôleur,
André Boyer, qui devait soigneusement enre-
gistrer les meubles et autres objets de chaque
habitant qui seraient soumis à la purification et
qui devraient ensuite être remis à la garde d'un
surveillant qui empêcherait que personne ne les
touche. [1]

A cette époque, la mortalité diminua, elle
cessa bientôt complètement, et la purification
dût être poussée avec activité. Ce ne fut pourtant
que le 13 novembre suivant que la ville ouvrit
ses portes aux étrangers. Mais on exigea qu'ils
fussent munis de billets de santé. [2]

---

[1] Le dit conseilh et delliberants en ycellui tons unanimement
ont ratific et apreuve laccord et marche que les sieurs consuls et
autres ont faict avec lesdits Reybaud, Paget et Lions, touchant ladicte purification et ont cree pour intendant Monnet
Desdier que leur expediera de sa propre main tout le parfum
qui leur sera nécessaire et pour controlleur Andre Boyer mer-
chand qui mettra et redigera par escript tous les meubles et
autres choses quiceulx sortiront desdictes maizons et leur sera
baille une garde pour les garder par la ville et les faire contenir
hors de communication. (Délib. du 18 septembre 1631).

[2] Ledict conseilh dung comung accord et consantemant a
dellibere que nonobstant les precedantes delliberations tant du
conseilh que bureaux de sante establi dans icelle, sera permis a

Elle se pourvut, dans le courant de décembre, auprès du parlement pour obtenir la libre entrée de la ville. Elle l'obtint tout de suite ; mais, par un excès de crainte et de précaution, elle ne voulut la faire connaître que dans le mois de janvier.[1]

Pendant les premiers mois de l'année 1632, la ville se trouva enfin complètement débarrassée du fléau. La création du nouvel état eut lieu, comme d'habitude, le 24 mars, dimanche de la Passion. Les consuls nommés furent : Mᵉ Antoine Hesmivy, avocat ; François Jacques, bourgeois ; et Pierre Brunel, marchand.

Le premier consul, Mᵉ Hesmivy, craignant que la ville, si elle n'accomplissait pas son vœu, ne fût exposée de nouveau à la colère céleste,

---

toutte sorte de personnes venant de lieu sain et portant bonnes billettes de frequanter dans ladicte ville et faire leurs affaires, et a cest effaict toutes les portes de ladicte ville seront ouvertes et les gardes dicelles supprimees fors et excepte a la porte du Pied de Ville laquelle subsistera et en sera dresse capage des particuliers de ladicte ville qui adcisteront a ladicte garde chascung a son tour. (Délib. du cons. gén. du 13 novembre 1631).

[1] Pour la seconde proposition touchant lentree de la ville a este dellibere que sera envoye un procureur de la communaulte a la ville d'Aix pour nous prouvoir et demander ladicte entree, seulement sans en faire bruit et de ne sen servir jusques au mois de janvier pour bonnes considérations. (Délib. du cons. part. du 17 décembre 1631).

s'empressa, dès le 13 avril, de faire au conseil
la proposition ci-après :

« Auquel Conseilh a este reprezante par ledict
» sieur Consul Hesmivy, que pendant le temps
» que ceste ville feust affligee de la peste, il
» feust faict vœu par les sieurs consulz de lorz
» et plusieurs aultres particulliers quy estoient
» en ladicte ville, par delliberacion du bureau
» de sante du 15 juilhet 1629, qu'aprez la ces-
» sation de ladicte malladye, la plus grande
» partye du peuple de la ville quy aura este
» preservee de ladicte malladye iroient a pied
» portant un flambeau allume en main a Notre-
» Dame de Grasse pour randre tres humble-
» mant grasses à Dieu et a sa tres glorieuse
» mère patronne de ceste ville, du benefice receu
» de Dieu par ses prieres et intercession, et
» feroit haumosne a la chapelle de Cotignac,
» hérigée soubz le nom de la glorieuse vierge,
» jusques a la somme de mil livres, des deniers
» de la communaulte, ce chargent a cest effect
» conscience et la posterite de satisfere a ce
» vœu, et parce que ceste ville ne peut jus-
» ques a aujourd'hui y satisfere, tant a cauze
» de la surcharge des gens de guerre quont
» lauge en icelle que encores par la rechûte de
» peste y arrivee l'este dernier, a requis le
» conseilh delliberer et effectuer le vœu.

» Sur quoy ledict conseilh a dellibere et donne

» pouvoir aux sieurs consulz demprunter la
» somme de quinze cents livres pour les em-
» ployer a ce que sera necessere pour aller fere
» et effectuer ledict vœu, et pour cest effect
» partir de ceste ville le plux dilligemment que
» se pourra. [1] »

Ce pèlerinage s'effectua dans le courant du
mois de juin de l'année 1632. Outre l'aumône
de 1,000 livres, les dépenses s'élevèrent à un
peu plus de 400 livres.

Depuis lors notre ville n'a plus été désolée
par cet épouvantable fléau.

---

[1] Délib. du cons. gén. du 13 avril 1632.

FIN DE LA TROISIÈME ET DERNIÈRE PARTIE.

Digne, Mme Ve A. Guichard, Imprimeur. — 1846.

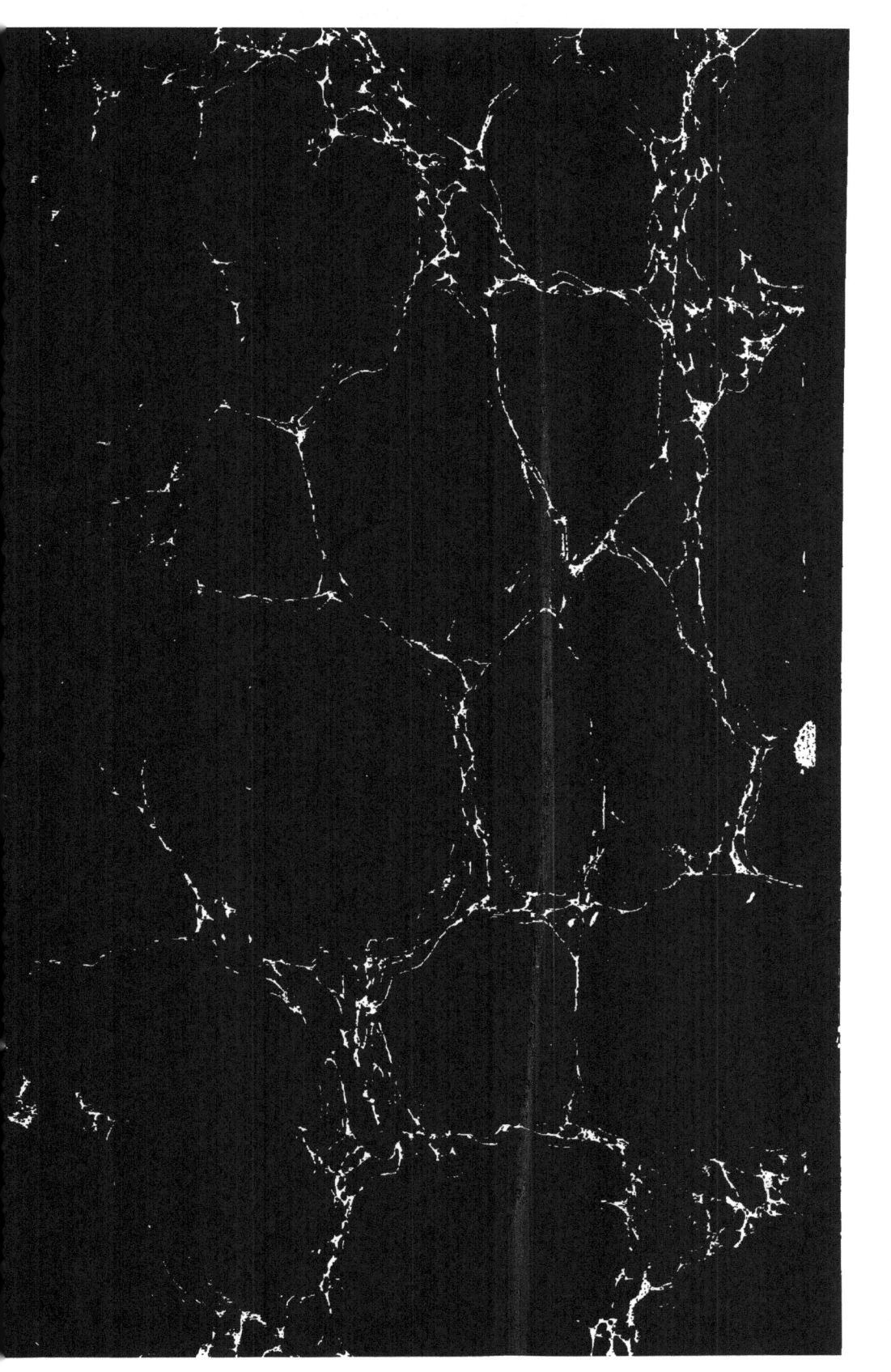